50%
60 세대를 위한
부자 되는
자산관리
Wealth Management

미 래 를 준 비 하 는 4 0 대 의 필 독 서

50 세대를 위한
60 부자 되는
자산관리
Wealth Management

이창원 지음

푸른
늘소나무

50 60 세대를 위한 부자 되는 자산관리
Wealth Management

초판 1쇄 찍은 날 | 2008년 2월 25일
초판 1쇄 펴낸 날 | 2008년 3월 4일

지은이 | 이창원
디자인 | 송진원
펴낸이 | 임동선
펴낸곳 | 늘푸른소나무

출판등록 | 1997년 11월 3일 제 1-3112호
주소 | 서울시 마포구 서교동 351-25 유창빌딩 401호
전화 | (02)3143-6763~5
팩스 | (02)3143-6762
이메일 | esonamoo@naver.com

ISBN 978-89-88640-71-5 (13320)

이 책을 평생 자식들을 위해 헌신하신
제 부모님과 장인, 장모님께 바칩니다

제가 지금까지 수많은 상담을
통해 느낀 점은 '인생이란 결코 이론대로, 계획대로, 내 생
각대로 흘러가지는 않는다' 는 사실이었습니다. 8년 전
FP(Financial Planner, 재무관리사)를 처음 시작했을 때는
주로 젊은 고객들을 많이 만났지만 지금은 연령대를 가리
지 않고 만나고 있습니다. 특히 각종 사회단체 등을 통해 어
른(실버)세대도 많이 만나 보았는데 젊었을 때는 한 가락
하다 늙어서 어렵게 된 분들도 많이 있었습니다. 반면에 젊
어서는 무척 고생 많았지만 은퇴 이후에 풍요로운 노후생
활을 즐기는 분들도 많았습니다. 이런 차이는 어디에서 오
는 것일까요?

풍요로운 노후생활을 즐기는 분들에게 비결을 물어 보면 상당수의 분들이 '운이 좋았다'라고 말합니다. 운이 좋아서 재테크에 성공했기 때문이라는 말씀인데요, 자산관리에 있어서 물론 '운'도 필요하지만 '운'만으로는 중장기적으로 결코 성공할 수 없다는 것이 제 생각입니다. 제가 보기엔 '운'보다는 돈에 대한 마인드가 결정적 이유가 아닐까 생각합니다. 청장년 시절에 적절한 소비와 투자로 목돈을 모으고, 이렇게 모인 돈을 또 적절하게 투자한 결과 은퇴 이후에 풍요로운 생활을 즐길 수 있게 된 것이 아닐까요? 즉, '돈'이라는 존재에 대해 명확한 개념을 가지고 자기 자신을 잘 관리해 왔기에 노후에 좋은 결과를 만들 수 있었던 것입니다.

'돈은 돌고 돌아야 한다'고 하지만 부자들의 생각은 다릅니다. 일단 내 주머니에서 나간 돈은 내 돈이 아니라는 것이죠. 소비억제가 중요하다는 뜻인데, 과소비를 할 돈으로 차라리 투자를 하겠다는 것이 바로 부자들의 생각입니다. 이 말은 현재 소득 대비 지출이 많은 2040세대에게는 미래를 위한 귀감이 됨과 동시에 수명 100세 시대를 앞두고 있는 5060세대에게 또한 보석 같은 말이라고 생각합니다. 각종 의학기술의 발달 등으로 인해 평균수명이 점점 늘어나면서 은퇴 후 30~40년을 별 다른 소득 없이 생활해야 하기 때문입니다. 자본주의 사회에서 돈 없이 오래 산다는 것은 개인으로는 '비참함' 그 자체임과 동시에 주위의 가족들에게까지 큰 피해를 주는 '사회적 위험'이 될 수 있습니다. 이 현상을 일컬어 '오래 사는 위험'이라고도 표현하는데, 5060세대에게 대단히 치명적인 리스크를 야기할 수 있기 때문에 하루라도 빨리 준비하는 것이 필요합니다.

앞으로 수 년 안에 대한민국의 베이비붐 세대(1950년대에서 60년대 초반에 태어난 사람)가 모두 은퇴하게 됩니다. 나이를 계산해 보면 쉽게 짐작할 수 있는데, 그 숫자는 대략

800만 명에 달한다고 합니다. 이웃나라 일본의 경우는 우리나라보다 진행속도가 빨라서 벌써 고령화 충격을 경험하고 있습니다. 우리나라도 앞으로 20여년 뒤인 2026년이 되면 전체국민의 1/5 이상이 만 65세 이상인 초고령 사회에 접어든다고 합니다. 대한민국의 미래 앞으로 소리 없이 다가오고 있는 이 리스크는 부존자원이 거의 없는 무역국가인 대한민국을 재정 파탄의 상태로 몰고 갈 수도 있습니다. 이런 미래 앞에서 현재 5060세대는 어떻게 노후를 준비해야 할까요?

여기에 실버 자산관리(Silver Wealth Management)의 핵심이 있습니다. 노후기 자산관리의 핵심은 높은 수익률의 상품도, 부동산, 은행, 증권, 보험의 다양한 포트폴리오도, 남보다 더 많은 자산규모도 아닙니다. 사람은 나이가 들어갈수록 판단력이 흐려지게 마련이므로 현재 보유하고 있는 자산은 '훅' 하고 불면 언제 날아가 버릴지 모르기 때문입니다. 제가 생각하는 노후기 자산관리의 핵심은 '편안함'과 '안정감'입니다. 앞으로 5년, 10년이 아니라 살아 있는 그

순간까지 돈에 대한 걱정을 하지 않는 것. 90세, 100세가 되어서도 돈 때문에 고민하거나 스트레스 받지 않고 편안하고 안정적으로 삶을 즐기는 것이 바로 실버 자산관리의 핵심인 것입니다.

'부자는 3대를 못 간다'는 속담이 있습니다. 부모는 고생해서 자산을 모았지만 자녀는 편안하고 부유하게 자라다 보니 재산을 지키지 못해 이런 경우가 발생하게 되는데요, 실버 자산관리 또한 마찬가지입니다. 기력이 있고 정신력이 멀쩡한 60대까지는 괜찮은데 70대가 넘어가면서부터 판단력이 흐려지고 각종 질환에 시달리게 되면 현재 보유하고 있는 자산이 평생을 보장해 줄 수 없게 됩니다. 이 사실은 수많은 상담사례가 증명하고 있는데요, 따라서 실버 자산관리는 언제까지가 될지 모르는 평생을 준비하는 것이므로 세심하고도 치밀하게 준비해야 합니다.

5060세대는 대한민국의 근대화 과정 속에서 미래를 위해 청춘을 희생한 대표적 세대라고 합니다. 세상에서 가장 행복한 사람은 '말년 운'이 좋은 사람이라고 하는데요, 모쪼록 이 책이 젊어서 고생하신 5060세대가 말년 운을 제대로 즐기는데 도움이 되었으면 좋겠습니다. 언젠가 눈 감을 때 '정말 재미있고 행복한 인생이었어!' 라고 말할 수 있도록 말입니다.

대한민국 5060세대의 건강을 기원 드리며…

2008년 2월 이창원 배상

목
차

1장
늙어 가는
대한민국

1장
늙어 가는 대한민국

　　　　　　　　지구에 인류가 출현한 이래 65세 이상 살았던 사람의 85%가 현재 생존하고 있다고 한다. 자연환경이 좋았던 과거의 사람보다 환경오염에 시달리는 현대인들이 더욱 오래 사는 것이 아이러니 같지만 절대 다수의 건강한 사람들에게 있어 오래 사는 것은 이미 현실이 되고 있다. 우리나라의 경우도 2007년 말 현재 평균수명은 남자 75세, 여자 82세를 기록하고 있다. 앞으로도 식생활의 개선, 의학기술의 발달, 레저문화의 정착 등으로 인해 평균수명의 지속적 증가가 예상되는데 현재 5060세대에게도 수명 100세 시대는 꿈이 아닌 현실로 다가오고 있다.

● 평균수명 100세…평생 일하는 시대 진입(2007.2.16 경향신문)

고령사회가 다가오고 있다. 고령사회에서는 삶의 양태가 현재와는 확연히 달라질 수밖에 없다. 평균 수명이 늘어나는 만큼 여러 개의 직업을 거치고 이를 위해 교육과정과 내용도 변해야 한다. 어떻게 고령사회에 대비해야 하는지를 전문가들의 분석을 통해 알아본다.

65세 이상 인구가 전체 인구의 10%를 넘는 고령사회가 다가오면서 일생 가운데 일하는 시간을 의미하는 '근로생애'가 빠르게 늘고 있다. 평균 수명의 연장으로 건강한 상태로 일할 수 있는 시간이 늘었기 때문이다. 인력 부족을 해결하기 위해 사회 진출 연령을 앞당기는 정책의 도입도 생애 근로시간 증가의 원인이 되고 있다. 전보다 더 일찍 직업을 갖고, 더 오랫동안 일하는 시대로 접어든 것이다.

외환위기 이전만 해도 20대 중·후반에 사회생활을 시작해서 60세 안팎에 은퇴하는 것이 일반적 근로관행이었다. 이에 따라 노동 기간은 30~35년 정도였다. 정년이 보장되는 직장이 대부분이어서 30~35년의 근로기간 동안 한 직장에서만 일하는 경우도 적지 않았다. 하지만 평균 수명이 늘면서 은퇴 정년을 70세 이상으로 늘릴 필요성이 대두

되고 있다. 개인적으로는 체력과 능력이 향상됐고, 사회적으로도 고령

인구의 근로가 필요해졌다.

우리나라의 평균 수명은 2018년에 80세를 넘어설 것으로 전망된다.

학자들 사이에서는 평균 수명 100세 시대가 곧 다가올 것이며, 향후

60년 안에 평균 수명 120세인 시대를 맞을 것이라는 예측도 나온다.

◉ 50세 이상 노동력 비중 (단위:% / 자료:한국개발연구원)

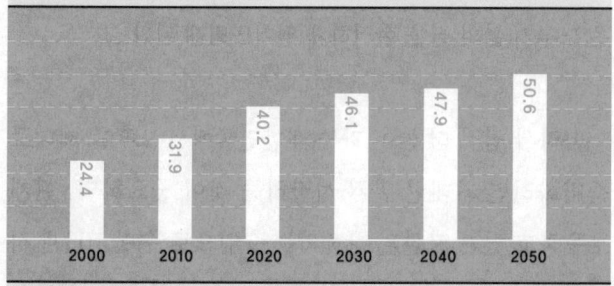

	2000	2010	2020	2030	2040	2050
	24.4	31.9	40.2	46.1	47.9	50.6

◉ 한국인구 구성변화 추이 (단위:만명, % / 자료:한국개발연구원)

연도	총인구	0~14세	15~64세	65세 이상
2005	4817.8	19.2	71.8	9.1
2015	4959.9	14.0	73.2	12.8
2020	4975.8	12.9	71.7	15.4
2030	4922.5	12.0	64.15	23.8
2040	4685.2	11.0	58.0	31.0
2050	4275.4	9.9	54.4	35.7

평균수명이 늘어날수록 노후생활에 대한 준비는 점점 더 어려워진다. 노후계획을 세울 때 보통 은퇴 후 20년을 보는데 이는 평균수명 80세 시대의 이야기이고 평균수명이 늘어날수록 말년이 어두워지게 된다. 다행히 건강이 허락해서 계속 일할 수 있으면 좋겠지만 젊은 세대도 취업난을 겪고 있는 상황에서 실버세대가 일자리를 가질 수 있는 확률은 그리 높지 않다. 여기에 건강관리 차원에서의 직업이라면 모르겠지만 먹고 살기 위해서 70, 80대까지 일한다는 것은 노후기 삶의 질을 현저하게 떨어뜨리게 된다.

따라서 점점 더 늙어 가는 대한민국에서 노후를 제대로 준비하려면 최대한 일찍 시작하는 것이 중요하다. 현재 보유하고 있는 자산과 창출되는 수입으로 수명 100세 시대를 감안해서 계획을 세워야 한다. 넉넉히 20년을 보고 준비했다가 더 오래 살게 되면 그 이후는 누가 책임질 수 있을까?

여기에 수출입 의존도 90% 이상의 무역국가라는 대한민국의 특성상 경제상황과 금융환경이 수시로 변하기 마련이므로, 실버 자산관리에 있어 또 하나 중요한 점은 전문가와 상의하라는 것이다. 젊은 사람에 비해 판단력과 기억력이 떨어지는 실버세대가 스스로 충분한 정보를 가지고 자산관리를 하기엔 너무 버겁기 때문이다. 따라서 믿을 만한 전문가와 상의해서 평생 편안하고 안정적인 노후생활을 준비하는 것, 그리고 바로 실천에 옮기는 것이 필자가 생각하는 실버 자산관리의 요체라고 할 수 있다.

1. 5060세대의 대표주자 홍길동 씨와
김철수 씨의 노후생활기

홍길동 씨와 김철수 씨는 같은 회사에서 55세에 정년퇴직한 친구 사이다. 둘 다 열심히 일한 덕에 정년까지 근무할 수 있었고, 나름대로 재테크 또한 꾸준히 해 와서 집도 있고 퇴직금을 비롯한 금융자산과 국민연금도 제대로 받을 수 있는 이 시대의 표준적 실버세대라고 할 수 있다. 건강 또한 둘 다 괜찮은 편이어서 자녀들을 출가시킨 후 앞으로의 노후생활을 적극적으로 즐길 준비를 하고 있다.

그럼 지금부터 앞으로 펼쳐지는 두 사람의 노후생활기를 따라가 보자.

◈ 55세

◉ 홍길동 씨는 스스로를 화끈한 사람이라고 생각하며 살아 왔다. 그래서 인간관계도 넓은 편인데 정년퇴직 후에 취업을 하려고 하니 눈높이 대비 맞는 직장도 없거니와 급여수준도 형편없어 일단 잠시 쉬면서 사업거리를 찾을 생각

이다. 잠시 쉬는 동안 친구들을 만났는데 한 친구가 높은 투자수익이 기대되는 일명 작전주에 대한 정보를 준다. 망설이던 홍길동 씨는 반신반의하며 약간을 투자해 보았는데 한 달 후 놀라운 수익이 발생한다. 주식을 처분한 홍길동 씨는 기분이 좋아서 김철수 씨를 불러내어 한 잔 산다. 부러워하는 김철수 씨의 표정을 즐기던 홍길동 씨는 내친 김에 금융자산의 상당액을 직접 주식에 투자하기로 결심한다. 간접투자는 수수료를 너무 많이 떼고 은행이나 채권의 수익률은 화끈한 홍길동 씨의 성격으로 보았을 때 너무 쫀쫀하기 때문이다.

두 번째 투자까지 높은 수익률을 기록한 홍길동 씨는 갑자기 삶이 너무 즐겁게 느껴진다. 이렇게 손쉽게 돈을 벌 수 있는 방법이 있는데 열심히 일만 해 온 과거가 바보같이 느껴지고 앞으로는 부자로 살 수 있을 것 같은 희망에 충만해 있다. 함께 고생하며 살아온 부인의 얼굴에 주름이 많은 것을 보고는 위로의 뜻으로 승용차도 한 대 사 준다. 이런 식으로 수익을 올리면 정말 남부럽지 않은 생활이 가능할 것 같아 온 몸이 짜릿하다.

그런데 세 번째 투자에서 갑자기 문제가 생긴다. 분명히 세 배 이상 올라갈 것으로 생각했는데 갑자기 하한가를 기록하기 시작하더니 순식간에 원금이 반으로 줄어든다. 정보를 준 친구에게 전화하니까 조금만 더 기다리라고 한다. 갑자기 식욕이 사라진다. 그 돈이 어떤 돈인데… 집에서 화면을 쳐다보기 미안해서 PC방으로 출근한다. 몇 주째 회복할 기미가 보이지 않자 급기야 예전에 끊었던 담배까지 피우기 시작한다. 갑자기 정보를 준 친구가 죽이고 싶도록 밉다. 아직 두 자녀도 결혼시켜야 하고 앞으로 돈 쓸 일도 많은데 애써 모아둔 돈이 허무하게 날아가는 것 같아 속이 쓰리다. 고민 끝에 일단 지금까지 날린 돈은 수업료라 생각하고 작전주 말고 우량주에 다시 투자하기로 결심한다. 대한민국이 망하지 않는 이상 우량주가 날 속일 일은 없을 것이라고 생각하며…

⦿ 김철수 씨는 매사에 신중한 다소 내성적인 성격의 사람이다. 정년퇴직을 하고 나서 재취업을 하려고 하니 눈높이에 맞는 마땅한 직업이 없다. 부인과 상의하고 심사숙고한 끝에 조그만 회사의 관리자로 취업하기로 한다. 급여는 작지만 조금이라도 버는 것이 건강도 유지하고 생활에 보탬

이 되기 때문이다. 아울러 전문가와 함께 앞으로의 노후생활 계획을 세운다. 현재 보유하고 있는 자산이 당장은 큰 문제가 없지만 오래 살 경우를 대비해야 한다는 생각에서다.

갑자기 홍길동 씨가 술을 산다고 해서 만났는데 주식으로 꽤 짭짤한 수익을 얻고 있는 모양이다. 순간적인 기분으로 '나도 직장 관두고 주식이나 해 볼까' 하다가 마음을 다잡는다. 높은 수익도 좋지만 만약 손실이 나게 된다면 만회할 시간이 너무 부족하기 때문이다. 대신 전문가의 의견을 받아 들여 금융자산의 1/2을 변액보험에, 나머지를 채권에 투자한다. 앞으로 10년 정도는 더 일할 자신이 있기 때문에 10년 후부터 국민연금과 함께 노후생활비로 쓸 계획이다.

◈ 60세

◉ 오늘은 홍길동 씨의 큰 아들 결혼식 날이다. 남부럽지 않게 잘 해주고 싶어서 모아 둔 돈이 있었는데 1년 전에 아는 후배가 권해준 높은 수익률의 사모펀드에 넣었다가 그 뒤로는 행방불명이다. 와이프는 그 사건으로 우울증을 얻어 바가지가 장난이 아니다. 그 때 신중하게 생각했어야 하

는 건데… 후회한들 소용없다.

전세자금을 만들어 줘야 하는데 목돈을 넣어 둔 우량주도 경기가 안 좋아 뺄 수가 없다. 할 수 없이 집을 담보로 대출 받아 결혼식을 올려 준다. 조만간 경기가 풀리면 나아지겠지 라고 자위하며… 둘째 딸도 곧 결혼해야 하는데 큰일이다.

● 김철수 씨도 두 자녀를 출가시킨다. 예식비용은 축의금으로 해결하고 채권에 투자했던 자금 중 일부를 팔아 전세자금 등 결혼비용으로 충당한다. 보란 듯 화려하게 결혼시키지는 못했지만 두 자녀의 인생 출발점에 부모로서 어느 정도 해 준 것 같아 마음이 뿌듯하다. 이제 자녀들은 각자 알아서 자신의 인생을 살아갈 것이고 김철수 씨는 부인과 함께 노후생활을 즐기면 될 것 같다. 아직 일할 체력도 남아 있기 때문에 쉬엄쉬엄 일하고 틈틈이 여가를 즐길 계획이다. 조만간 국민연금도 나올 예정이므로 그 때까지만 일하고 본격적으로 은퇴를 선언할 예정이다.

◈ 65세

◉ 얼마 전에 어렵게 둘째 딸을 출가시킨 홍길동 씨는 65세 생일날 보유하고 있는 자산을 점검해 본다. 국민연금이 얼마간 나오고는 있지만 생활비가 많이 들어서 앞으로가 걱정되기 때문이다. 나이도 많고 얼마 전부터 관절도 쑤시고 해서 일을 하기란 거의 불가능하다. 몇 년 전부터 주식에서 손을 떼고 은행에 돈을 넣어 놓았는데 곶감 빼 먹듯이 돈을 꺼내 쓰다 보니 슬슬 걱정이 되기 시작한다. 결혼한 두 자녀는 자기들도 먹고 살기 힘들어서 용돈을 받아쓰기도 어려울 것 같다.

오랜만에 친구들을 만났는데 그 중 한 친구가 괜찮은 사업이 있다고 한다. 살림살이가 별로 넉넉한 친구도 아니었는데 하고 다니는 모습이 여유 있게 보여서 사업설명회에 참석해 본다. 건강식품 세일즈에 대한 내용이었는데 알고 보니 다단계 회사이다. 건강이 나빠지는 것 같아 걱정이던 차에 그 회사의 건강식품을 먹어 보니 갑자기 힘이 나는 것 같다. 그 회사의 상무란 사람과 식사도 같이 했는데 사람도 믿을 만하고 오랜만에 제대로 된 사업을 해 볼 기회가 생긴 것 같다.

이때부터 홍길동 씨는 건강식품의 전도사가 된다. 친구부터 선후배에 이르기까지 안면 있는 모든 사람들을 설명회에 데리고 간다. 그러다 보니 활동비가 많이 들게 되고 높은 수당을 위해 자기 돈을 투자해서 건강식품을 쌓아 놓게 된다. 어차피 내가 먹으면 되지… 1년을 넘게 그러다 보니 통장이 바닥났다.

생활고에 시달리던 아내는 늙어서 굶어 죽게 생겼다며 홍길동 씨를 구박하고, 이에 격분한 홍길동 씨는 가족을 위해 일하다 그렇게 된 것을 이해하지 못하는 사람이라며 황혼이혼까지 결심하게 된다. 집을 팔아서 위자료로 반을 주고 각자 살게 된 홍길동 씨는 더욱 열심히 다단계에 매진한다. 그래도 사람 취급 해 주고 따뜻하게 대해 주는 곳은 그 회사 밖에 없기에…

◉ 김철수 씨가 10년 전에 시작한 변액보험에서 드디어 연금이 나온다. 안 그래도 점점 나이가 들면서 일하는데 애로사항을 많이 느끼던 차에 본격적으로 은퇴하기로 결심한다. 변액보험의 수익률이 좋아서 국민연금과 합치면 부부가 먹고 사는데 큰 지장이 없기 때문이다.

은퇴를 선언한 김철수 씨는 부인과 함께 세계여행을 다

녀온다. 더 나이 들기 전에 추억을 많이 만들어 보고 싶어서이다. 3개월 일정의 여행인데 몇 달 전부터 아내는 기대감에 들떠 어린아이 같은 표정이다. 그 동안 같이 사느라 고생많았는데 죽기 전에 행복한 추억을 많이 만들어 주고 싶다.

◈ 70세

◉ 오늘은 추석이다. 작년까지 그래도 자녀들이 찾아오곤 했는데 올해는 전화도 안 받고 아무래도 오지 않을 모양이다. 홍길동 씨는 국민연금이 나오는 관계로 정부에서 선정하는 극빈노인층에도 끼지 못하게 되었는데, 다단계로인해 모든 재산을 탕진하고 현재는 변두리 월세 방에서 살고 있다. 오늘 같은 날은 차라리 국민연금을 안 받았으면 하는 생각이 든다. 소득이 없으면 구청에서 사회복지사들이특별 관리를 해 주기 때문이다. 월세를 빼고 나면 남는 게없는데… 차라리 소주나 실컷 마시고 일찍 죽는 것이 더 행복할 것 같다.

◉ 70세 시점에서 김철수 씨는 보유하고 있는 자산현황을 점검해 본다. 부부가 모두 건강해서 앞으로 10, 20년은

더 살 수 있을 것 같은데 인플레이션 때문에 연금이 부족할 것 같은 생각에서다. 은행에 넣어 둔 채권의 이자수입보다 연금이 더 낫다는 판단에 채권을 처분해서 즉시 연금을 가입한다. 부부 둘이 살기에는 현재의 집도 너무 큰 것 같아 집을 줄이고 여윳돈을 또 연금에 투자한다. 나이 70세 넘어서 재테크에 신경 쓰기도 어렵고 편안하게 죽을 때까지 받을 수 있는 연금이 최고라고 판단한 것이다.

매월 들어오는 수입이 늘어나자 삶의 여유가 생긴다. 손자들에게 용돈을 넉넉히 주고도 여유자금이 생겨서 부부가 함께 여러 가지 동호회를 시작한다. 등산이며 라틴댄스, 여행, 골프, 서예 등 요일별로 있는 동호회 활동이 삶의 활력소가 된다. 동호회에서 만난 사람들과 인연이 깊어지면서 노후기에 친구라는 존재가 얼마나 소중한지 새삼 느낀다.

◈ 80세 이후

◉ 60대 후반부터 제대로 먹지 못하고 건강관리를 하지 못한 홍길동 씨는 당뇨합병증과 간경화로 인해 71세를 일기로 월세 단칸방에서 홀로 세상을 하직했다. 조촐한 빈소에는 부인과 자녀, 일부 친척들이 자리를 지켰지만 영정 사

진 속의 홍길동 씨의 표정은 우울해 보인다. 자녀들의 얼굴에는 불효에 대한 후회감의 표정이 가득하지만 문득 '이제 홀가분해졌다' 라는 표정이 스쳐 지나가는 것은 숨길 수 없는 모양이다.

◉ 80세가 넘어가자 김철수 씨 부부의 건강도 예전 같지 않다. 부부 모두 감기 같은 잔병치레가 잦아지고 관절염이 외부활동 조차 못하게 괴롭힌다. 특히 김철수 씨는 예전부터 있었던 고혈압이 다소 심해지면서 부쩍 병원에 가는 횟수가 증가한다. 자녀들도 각자 바쁘게 살다 보니 자녀들에게 신세 지기도 힘들어서 상의 끝에 실버타운에 입주하기로 한다. 실버타운은 노인들이 생활하기 적합할 뿐더러 의료센타가 상주해 있어 만일의 경우에도 안심이 되기 때문이다. 실버타운 입주 보증금은 살던 집을 팔아서 해결하고 국민연금과 개인연금을 합쳐서 생활비로 충당하면 충분할 것 같다.

실버타운에 입주하자 생활이 매우 편해진다. 세탁과 청소 서비스는 물론 식사까지 제공해 주기 때문에 가사노동을 할 필요가 없고 입주해 있는 사람들과도 친해져 가벼운

운동과 각종 여가활동 등 시간 가는 줄 모르고 지낸다. 진작에 입주할 걸 하는 생각마저 든다.

그러던 어느 날 김철수 씨가 뇌졸중으로 쓰러지게 된다. 실버타운 내 의료센타에서 응급처치를 받았지만 의식이 돌아오지 않는다. 의료센타 내 요양동에서 기약 없는 간병을 받아야 하는데 다행히 예전에 가입해 두었던 간병보험이 있어 간병자금은 걱정할 필요가 없다. 1년여의 간병기간을 거친 후 김철수 씨는 사랑하는 가족들의 애도 속에 89세를 일기로 세상을 하직한다. 부인이 홀로 생활할 수 있는 연금이 계속 나오기는 하지만 남편을 잃은 정신적 충격으로 인해 김철수 씨의 부인도 몇 년 뒤에 세상을 하직한다. 누구에게나 한 번은 찾아오는 죽음이지만 즐겁고 행복한 인생이었기에 먼저 간 남편이 보고 싶어 미련은 없다.

장례 후에 부인은 남편과 함께 나란히 납골당에 안치 된다. 두 부부가 영원히 함께 있고 자녀들도 때마다 찾아와 명복을 빌어 줄 것이기에 외롭지 않을 것이다.

이 글은 다소 극단적이라고 할 수 있겠지만 5060세대가 다가오는 고령화 시대를 어떻게 준비하느냐에 따라 어떤 노후생활을 보내게 될 것인지를 극명하게 보여 주는 사례라고 할 수 있다.

결국 재테크의 최종 목적지는 노후생활인데 언제까지 살지 모르는 수십 년 간의 노후기를 제대로 준비하는 가장 좋은 방법은 전문가와 상의하는 것이다. 급변하는 경제상황과 금융환경 속에서 혼자서는 도저히 할 수 없는 것이 바로 실버 자산관리이기 때문이다.

또한 사람은 나이가 들어갈수록 판단력이 흐려지고 감정적으로 변하게 된다. 정신이 멀쩡하고 판단력이 있는 60대까지는 괜찮지만 70대부터는 자산관리 자체가 어려워지므로 노후자산의 상당부분은 이자소득, 임대소득, 연금소득 같은 비활성소득으로 준비해야 한다. 비활성소득이란 일을 하던 안 하던 매월 나오는 소득을 말하는데 비활성소득이 매월 지출되는 생활비를 초과할 수 있도록 미리 준비해 두면 편안하게 노후생활을 즐길 수 있다.

여기서 필자가 강조하고 싶은 점은 눈에 보이는 자산은 훅 불면 언제든지 날아가 버릴 수 있는 나뭇잎 같은 자산이란 것이다. 예금, 주식, 부동산 등은 판단력이 흐려지고 감정적으로 변하는 노후기에는 여러 가지 변수가 많기 때문에 점점 관리하기 어려워진다. 젊었을 때 잘 나갔던 사람도 노

후기 자산관리에 실패하면 탑골공원으로 출퇴근하는 일이
생길 수 있는 것이 바로 인생이다. 따라서 한 번 개시하면
평생 지급되는 연금소득이야말로 노후기 자산으로는 최고
라고 강조하고 싶다. 연금소득은 국민연금과 더불어 노후기
에 어떤 변수가 발생하더라도 인간다운 삶의 질을 마지막
순간까지 보장해 주는 유일한 금융자산이기 때문이다.

2. 핵폭탄보다 더 무서운 고령화 충격

필자가 학창시절부터 우리나라에 대해 끊임없이 배웠던 것이 '대한민국은 부존자원이 빈약하기 때문에 사람이 재산이다. 그래서 열심히 공부해야 한다.' 라는 내용이었다. 사실 우리나라는 수출입 의존도 90% 이상의 전형적인 무역국가며, 21세기에 살아남기 위해 '금융, 서비스, IT' 라는 3대 핵심 산업 육성에 사활을 걸고 있다. 자세히 살펴보면 이러한 업종에서 가장 중요한 것이 바로 '사람' 임을 알 수 있다. 그래서 교육부장관을 부총리 급으로 대우할 만큼 교육에 대해 많은 투자를 하는 것이다.

그런데 이렇게 중요한 우리나라의 자산인 '인구' 가 저출산으로 인해 점점 줄어들고 있다. 게다가 일할 능력을 보유한 65세 미만의 인구도 급속한 고령화로 인해 마찬가지로 줄어들고 있는 실정이다. 필자가 비록 국가경제 전반을 연구하는 전문가는 아니지만 국민의 한 사람으로서 보기에도 향후 대한민국의 미래에 닥칠 리스크는 그 어떤 것보다도 '고령화, 저출산' 의 리스크가 가장 클 것이라고 생각한다. 부존자원이 빈약한 나라에서 일할 사람마저 줄어든다면 동

해 앞바다에서 대규모 유전이 발견되지 않는 한 우리나라
의 미래는 암담해질 것이기 때문이다.

이러한 '고령화, 저출산'의 리스크가 현재 5060세대에
게 어떤 영향을 미칠까?

기본적으로 자본주의 사회는 '수요와 공급의 법칙'이 모
든 것을 지배한다. 국가의 살림살이도 마찬가지인데 국가
전체의 살림살이를 맞추려면 지출에 상응하는 조세 수입이
필수적이다. 그런데 경제활동기에 있는 사람이 줄어들게
되면 전체적인 조세 수입도 줄어들게 된다. 이는 다시 지출
로 연결되어 전반적인 사회복지제도의 손질이 불가피해진
다. 즉, 고령화가 진전될수록 실버세대에 대한 국가의 지원
시스템이 점점 부실해질 가능성이 높다는 뜻이다.

이를 국가, 기업, 개인이 노후를 준비해야 한다는 '3층
보장론'에 입각해서 보면 은퇴한 5060세대가 풍요로운 노
후생활을 영위하기 위해서는 개인이 준비하는 것 말고는
방법이 없다는 결론을 내릴 수 있다. 노인이 많아지면서 국
민연금이 부실해질 가능성이 높고, 퇴직금 또한 중간정산
등으로 인해 큰 도움이 되지 않기 때문이다. 핵심을 요약하

면 세금을 내는 사람이 점점 줄어드는 것을 감안해 볼 때 현재 5060세대는 수명 100세 시대를 대비하여 세심하고도 치밀한 노후준비를 지금 즉시 시작해야 한다. 지금부터 제대로 준비하지 않으면 쌀독의 쌀이 다 비워지는(자산을 다 써버리는) 70, 80대에 접어들어 새벽에 재활용품을 수집하러 다니거나 공짜 점심을 먹기 위해 서너 시간씩 줄을 서야 하는 운명에 처할 수도 있는 것이다.

〈 표 : 한국의 고령화속도 〉

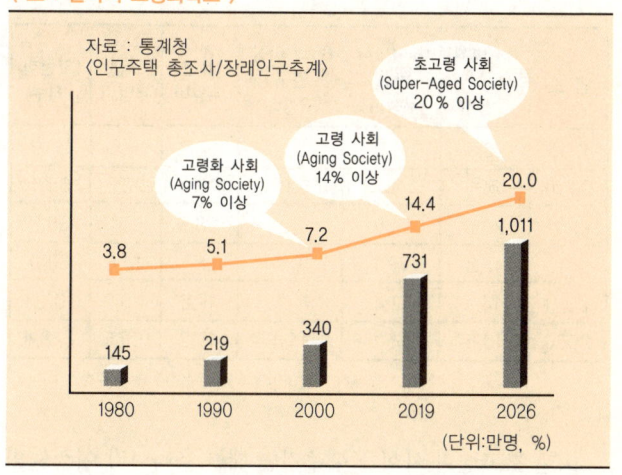

    통계청의 표를 보면 2026년이 되면 만 65세 이상의 인구가 전체인구에서 차지하는 비중이 20%를 넘을 것이라고 한다. 이 시기가 되면 매년 춘천시 인구만큼의 노인들이 늘

어나게 되는데 이러한 상태를 '초고령 사회'라고 하며, 다시 말해 우리나라 국민 5명중 1명이 일을 못하는 노인이라는 뜻이다. 초고령 사회가 되면 경제인구 4명이 노인 1명을 부양해야 하는데 이는 단순히 국민소득(GNI)의 감소를 떠나 국민연금, 노인의료비, 각종 노인복지비용 등 엄청난 사회비용의 증가로 이어져 국가경제에 심각한 악영향을 끼칠 것으로 예상된다.

〈 표 : 고령화에 따른 노인부양비 추이 〉

연 도	0~14세 인구 구성비	15~64세 인구 구성비	65세 이상 인구 구성비	유년 부양비	노년 부양비	고령화 지수
1996	22.9	71.0	6.1	32.2	8.6	26.9
2000	21.1	71.7	7.2	29.4	10.1	34.4
2002	20.6	71.5	7.9	28.7	11.1	38.5
2010	17.2	72.1	10.7	28.7	14.8	62.0
2019	14.1	71.4	14.4	19.8	20.2	102.3
2050	10.5	55.1	34.4	19.0	62.5	328.4

자료 : 통계청, 「장래인구추계」 2000~2050 2001.12(%)

또한 초고령화 사회를 부추기는 데는 우리나라 여성들의 평균 출산율도 한 몫을 하고 있다. 2004년 기준으로 가임 여성의 평균 출산율은 1.16명을 기록했는데 이로 인해 2050년경에는 2005년에 비해 전체인구가 12% 가량 감소

할 전망이라고 한다.(2005년 세계인구통계표 참조)

〈 표 : 주요국 출산율, 2005.8.24 세계일보 〉

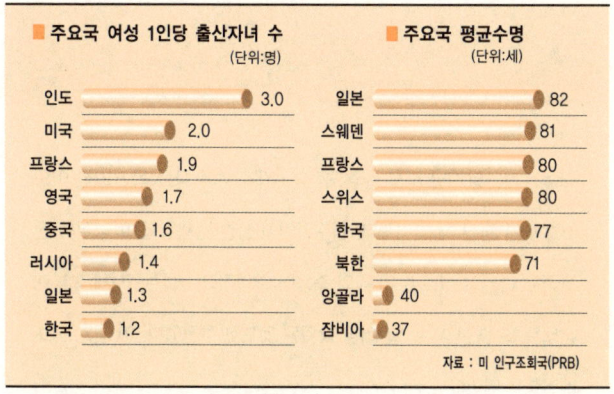

■ 주요국 여성 1인당 출산자녀 수 (단위:명)

국가	출산자녀 수
인도	3.0
미국	2.0
프랑스	1.9
영국	1.7
중국	1.6
러시아	1.4
일본	1.3
한국	1.2

■ 주요국 평균수명 (단위:세)

국가	평균수명
일본	82
스웨덴	81
프랑스	80
스위스	80
한국	77
북한	71
앙골라	40
잠비아	37

자료 : 미 인구조회국(PRB)

　각종 육아비용 및 엄청난 사교육비는 출산율을 점점 떨어뜨리고, 더불어 경제인구의 급속한 고령화까지 겹쳐 21세기 대한민국의 미래는 점점 어두워지고 있다. 최근 이러한 고령화의 위험에 대해 경고하는 책이 다수 출간된 것만 보아도, 머지않아 오게 될 미래라는 것을 짐작할 수 있다. 이제 5060세대는 스스로가 노후를 어떻게 보낼 것인지 각자 생각하고 준비하지 않는다면 국가적 재앙으로까지 이어질 수 있을 것이다.

　그렇다면 이런 현실에서 5060세대는 앞으로의 노후생활을 어떻게 준비해야 할까?

3. 준비되지 않은 노후 – 탑골공원 탐방기

◉〈 내가 죽어도 모를까 봐… 문 열고 자는 독거노인들 〉

#1. 지난달 9일 서울 신당5동 다세대주택에 사는 독거노인 이모 (67) 씨가 숨진 채 발견됐다. 집주인이 이상한 냄새를 맡고 경찰에 신고하고 나서야 비로소 이 씨의 죽음이 알려졌다. 경찰은 시체의 부패 상태로 봐 숨진 지 한 달 이상 방치된 것으로 추정했다. 이 씨는 평소 폐결핵을 앓았다고 한다.

#2. 서울 공릉동의 단칸 셋방에 혼자 살고 있는 강모(78) 할아버지는 매서운 겨울에도 늘 방문을 조금씩 열어 둔다. "내가 죽더라도 아무도 모를까 봐…"라는 게 이유다. 강씨는 3년 전부터 허리가 아파 거동이 불편하다. 신경통, 관절염과 백내장을 앓고 있다. 매끼 식사 뒤 한 움큼의 약을 먹어야 한다. 강 씨는 두 딸을 두고 있지만 결혼 후 명절 때마다 거는 안부 전화 외에는 왕래가 거의 없다. 강 씨는 "숨진 뒤 며칠 만에 발견되는 독거노인 소식을 들을 때마다 내 처지가 걱정 된다."고 말했다.

핵가족, 고령화가 급속히 진행되면서 독거노인이 늘어나고 있다. 올해 65세 이상 독거노인은 88만 명. 2010년엔 100만 명이 넘을 것으로 예상된다. 이에 따라 '고독사(孤獨死)' 문제도 심각해지고 있다. 고독사는 홀로 사는 노인이 아무런 도움도 받지 못한 채 사망 한참 뒤에 발견되는 것을 일컫는 말이다. 독거노인은 대체로 건강상태가 좋지 않고 경제적으로도 어려워 고독사의 위험을 안고 산다. 실제 지난달 31일 서울 마포구의 한 다세대주택에 사는 김모(66) 씨는 숨진 지 이틀 만에 발견됐다. 우편물을 전달하러 온 이웃이 없었더라면 더 늦게 발견됐을지도 모른다. 사인은 아사(餓死)로 추정됐다. 김 씨는 친인척과 왕래를 끊었고 구청 노인복지관의 도움도 마다했다고 한다.

● 고독사 위험 상존하는 독거노인

보건복지부는 올해 전국 65세 이상 독거노인 14만 2,538명을 대상으로 생활 실태를 정밀 조사했다. 대상자 가운데 한 가지 이상의 만성질환을 앓고 있는 노인은 92%로 나타났다. 평균 2.9종의 만성질환을 보유하고 있었다. 건강관리나 질병 치료를 위해 다른 사람의 도움이 꼭 필요한 노인도 32%나 됐다.

◉ 존엄한 죽음 맞도록 도움 줘야

고령화 문제가 심각한 일본의 경우 고독사는 이미 심각한 사회문제로 떠올랐다. 2004년 도쿄에서만 40세 이상 사망자 중 2,598명이 고독사한 것으로 집계됐다. 이 중 26%는 일주일이 지나 발견됐다. 이 때문에 독거노인 또는 1인 가구의 안부를 확인하는 서비스가 인기를 끌고 있다. 우리 정부도 최근 들어 고독사 예방 사업에 관심을 두고 있으나 고독사에 대한 통계조차 아직 집계되지 않고 있는 실정이다.

(2007.11.30 중앙일보에서 발췌)

서울 종로에 있는 탑골공원은 사계절 내내 오갈 데 없는 노인들로 북적거리는 곳이다. 우리나라 최초의 근대식 공원인 탑골공원은 파고다공원으로도 불리는데 일반관광객은 거의 찾아볼 수 없고 공원 곳곳에 삼삼오오 모여 있는 노인들로 넘쳐 난다. 매일 점심시간이 되면 공원 근처에서 무료급식을 해 주는 봉사단체들이 있는데 필자의 지인도 매주 일요일에 무료급식 봉사를 하고 있다. 그런데 급식봉사를 하러 갈 때마다 5천 원 권 지폐 10장을 갖고 간다고 해서 이유를 물어 보니 급식시간이 되면 노인들이 줄 서서 기다리는데 보통 30분에서 1시간은 기본이라고 한다.

급식량은 일정한데 기다리는 노인들은 많다 보니까 항상 부족하기 마련이다. 배고픔을 참고 30분, 1시간을 줄서서 기다렸는데 내 앞에서 밥이 다 떨어졌다면 기분이 어떨까. 실망하는 모습이 너무 안타까워서 지갑을 안 꺼낼 수 없다고 한다. 이 돈으로 식사 하시라고 드리다 보면 어느새 지갑이 텅 비게 되기 때문에 아예 처음부터 5천 원 권 10장만 준비해 간다는 것이다.

준비되지 않은 노후가 어떤 모습인지 보고 싶다면 탑골공원에 가 보면 된다. 필자도 몇 번 가 보았지만 그 곳에 있는 노인들의 표정은 대부분 어두웠다. 공원에 모인 분들 개개인의 인생역정을 살펴보면 사연이 없는 사람이 있을까. 늙은 것도 서러운데 돈 까지 없어서 공짜로 밥을 얻어먹으려면 30분, 1시간을 줄 서서 기다려야 한다. 그나마 봄, 가을이면 참을만하지만 한여름과 한겨울에 줄 서서 기다리려면 여간 고역이 아닐 것이다.

실제로 점심때가 되면 노인들이 많이 모이는 것을 볼 수 있는데, 횡단보도에 보행 신호등이 켜지면 할아버지, 할머니들이 마구 뛰어서 건넌다. 남보다 조금이라도 빨리 가야 그만큼 덜 기다리고 점심을 먹을 수 있기 때문이다.

줄 서서 무료급식을 기다리고 있는 할아버지, 할머니 100명에게 물어 보자.

"어르신, 줄 서서 기다리려면 고생이 많으실 텐데 혹시 젊었을 때 내가 늙어서 이렇게 되리라고 생각해 본 적 있으십니까?"

어떤 대답이 나올까. 아마 100명이면 100명 모두 '한 번도 생각해 본 적 없다.' 라고 할 것이다. 이렇게 될 줄 알았다면 미리 준비했을 것이기 때문이다.

여기에 실버 자산관리의 핵심이 있다. 실버 자산관리의 요체는 앞으로 어떤 일이 나에게 발생하더라도 탑골공원 같은 곳에 가는 일이 없도록 미리 준비하자는 것이다. 필자가 상담한 5060세대의 상당수가 두 가지 고민을 갖고 있었는데 하나는 현재 보유하고 있는 자산이 노후생활을 영위하기에 부족할 것 같다는 불안감이었고, 또 하나는 내 자산이 앞으로 점점 줄어들면 어떻게 하나라는 걱정이었다. 이런 고민들을 갖고 있는 상태에서 단기적으로 자산관리를 하다 보니 주식에 과도하게 투자했다 낭패를 보거나 저금리 시대에 예금 위주의 자산운용으로 주가 상승에 따른 상대적 박탈감 때문에 스트레스를 받는 경우가 많았다.

요즘처럼 경제상황과 금융환경이 급변하는 시대에서는 혼자서는 절대 자산관리에 성공할 수 없다. 안정성을 바탕으로 수익성이 배가되어 꾸준히 순자산이 늘어나려면 입체적인 자산관리의 포트폴리오를 구성해 주고 계속 관리해 줄 수 있는 전문가가 필요하다. 좀 더 덧붙여서 말하면 은행이나 증권의 전문가 보다는 보험의 전문가를 추천해 주고 싶다. 기본적으로 자산관리란 언제까지가 될지 모르는, 살아 있는 마지막 순간까지 필요하므로 단기 금융기관보다는 장기 금융기관의 전문가가 더 도움이 된다고 생각한다. 보험회사 FP(Financial Planner)는 리스크 관리의 전문가이면서 은행 및 증권의 상품도 폭 넓게 취급하기 때문에 장기적 자산관리에 큰 강점이 있다. 지금은 따뜻한 햇볕이 비치고 산들바람이 불지만 언제 폭풍우가 몰아치고 폭우가 쏟아질지 모르는 것이 인생이기 때문이다.

우리나라도 은행, 증권, 보험이 통합되면서 바야흐로 무한경쟁의 시대에 진입하고 있다. 선진국인 미국의 경우 전체 펀드 판매량의 60%가 FP를 통해 팔리고 있다고 한다. 금융 시스템이 선진화 되면서 자산관리 전문가들이 속속 탄생하고 있으므로 조금만 노력하면 괜찮은 FP를 찾아 낼 수 있다.

필자는 독자 여러분이 원하신다면 소개 시켜 드릴 용의도 있다. 중요한 것은 최대한 빨리 시작하는 것이다. 자산관리란 '수많은 금융정보의 홍수 속에서 나에게 맞는 상품을 찾아 투자를 시작하는 것' 으로 정의할 수 있는데 미국 월가의 격언에 이런 말이 있다.

'가장 좋은 투자의 시점은 바로 지금(Right Now)이다.'

금융환경은 수시로 변하기 마련이므로 지금 최고의 상품

이 나중에 꼴찌가 될 수도 있고 지금 꼴찌 상품이 나중엔 최고가 될 수도 있기 때문에 자산관리의 필요성을 느낀다면 지금 즉시 시작하는 것이 가장 좋다는 뜻이다.

4. 풍요로운 노후생활
– 이렇게 준비하면 반은 성공이다!

'사오정 오륙도'라는 말이 있다. '사십 오세가 정년, 오십 육세까지 일하면 도둑놈'이라는 뜻인데 나이가 들어갈수록 경제활동을 계속 하기 어렵기 때문에 나온 말이다. 대학을 갓 졸업한 젊은 청춘들도 취업하기 쉽지 않은 상황에서 나이 많은 5060세대가 취업하기란 하늘의 별 따기다. 이런 이유로 5060세대의 화두는 단연코 노후준비에 집중되어 있다. 지금도 여러 가지로 힘든데 경제적 수입이 끊어지고 난 이후 수십 년의 노후생활을 어떻게 보내야 하는지 걱정이 태산이다. 그나마 현재 보유하고 있는 자산이 많은 분들은 좀 낫겠지만 집 한 채에 퇴직금과 약간의 금융자산만 갖고 있는 분들에게 노후란 여간 걱정거리가 아닐 수 없다.

얼마 전 한참 '은퇴이민'에 대한 열풍이 분 적 있는데 물가가 비싼 한국보다 자연환경이 좋고 생활비도 저렴한 동남아 국가에서 노후생활을 보내자는 것이 주요 내용이었다. 또한 집 한 칸 부자가 80%인 우리나라의 사정을 감안하여 노후준비의 대안으로 등장한 상품이 이른바 '역모기지론' 이다.

그런데 이런 상품들은 전문가의 관점에서 볼 때 노후준비에 적합하지 않다고 판단된다. 일반적으로 노후기는 '노후활동기 ➡ 인생회고기 ➡ 간병기 ➡ 부인 독자 생존기' 의 4단계로 나눠진다. 은퇴 이후 60대까지는 육체적으로 큰 문제가 없기 때문에 해외여행이나 각종 레저 활동 등 동적인 활동을 많이 하게 되는데 이 시기를 '노후활동기' 라고 한다. 그러다 70대에 접어들면 각종 성인병 등으로 인해 건강이 나빠지게 되고 동적인 활동보다는 정적인 활동(화초재배, 바둑, 독서 등)으로 소일하게 되며 이 시기를 '인생회고기' 라고 부른다. 70대 후반, 80대 초반이 되면 많은 사람들에게 간병기가 찾아오게 되고 일반적으로 여성의 평균수명이 더 길기 때문에 최소 수년 이상 배우자가 홀로 여생을 살아야 하는 '부인 독자 생존기' 가 마지막으로 찾아오게 된다.

은퇴이민 같은 상품은 4단계의 노후기에서 노후활동기 또는 길어야 인생회고기 정도까지만 적합한 상품이다. 가족이 옆에 없는 외국에서 간병기나 부인 독자 생존기를 보내기는 쉽지 않기 때문이다. 아울러 사람은 나이가 들어갈수록 추억을 먹고 사는 동물이기 때문에 물가가 싸다는 이유로 낯선 외국에서 노후생활을 보내는 것은 정신적으로 큰 고통이 될 수 있다.

여기에 '역모기지론' 같은 상품도 예외가 아니다. 역모기지론은 만 65세 이상의 가입자가 집을 담보로 평생(배우자 포함) 연금을 지급 받는 주택연금을 말한다. 다른 선진국과는 달리 종신토록 지급받을 수 있는 점은 장점으로 꼽히나 가입자의 자격이 만 65세 이상으로 높고 종신형이라는 상품의 특성상 보험료라는 비용이 과다하게 지출된다. 즉, 주택연금을 가입해서 일찍 사망하면 되레 손해를 보게 된다.

고령화가 진전되어서 오래 사는 사람들에게는 좋지만 그렇지 못하고 일찍 사망하는 사람은 재산상의 손실을 보게 되는 셈이다. 아울러 역모기지론은 부동산의 가치 상승을 대전제로 하고 있는데 우리나라보다 고령화가 더 빠른 일본의 경우엔 고령화충격으로 인해 1990년을 정점으로 주택가격이 계속 하락해 현재는 1/3 정도의 가격을 유지하고 있다. 고령화로 인한 수요 감소 때문인데 우리나라도 일본처럼 부동산 시장에 고령화 충격이 밀어닥칠 것으로 예상되고 있다. 국가 전반적으로 주택시장이 침체될 경우 역모기지론을 계속 유지하려면 엄청난 공적자금 투입이 필요하게 되므로 제도 자체에 문제가 생길 수도 있다.

마지막으로 집값 대비 받는 연금액 또한 그다지 많지 않기 때문에 이런 여러 가지 이유로 역모기지론 또한 풍요로운 노후 준비에 적극적으로 추천해 주고 싶지는 않다. 고령화 충격이 부동산 시장에 미치는 영향에 대해서는 다음 장의 '향후 투자환경 전망'에서 자세히 조명해 보고자 한다.

결국 언제까지가 될지 모르는 노후생활을 풍요롭게 영위하기 위해서는 인플레 이상으로 내 자산을 늘려 나가는 실버 자산관리가 필요하다. 또한 비활성소득을 발생시키는 이자, 임대, 연금 소득을 늘려 나가야 한다. 우리나라의 경우 앞으로 중장기적으로 저금리시대가 계속될 것으로 전망되기 때문에 예금이나 채권보다는 주식에 대한 장기투자도 적극적으로 검토해 보아야 한다. 육체적 은퇴가 아니라 정신적 은퇴 시기까지 자산관리를 꾸준히 하고 정신적 은퇴 이후부터는 본격적으로 비활성소득으로 노후기를 보내는 것이 가장 합리적이라고 판단된다. 나이로 말하면 이성적 사고와 판단력이 있는 70대 초중반까지 자산관리에 집중하고 그 이후부터는 이자, 연금, 임대 소득으로 편하게 생활하자는 뜻이다. 여기서 강조하고 싶은 것은 언제까지 살 지 모르기 때문에 연금소득의 비중을 늘리는 것이 더 도움이 된다는 것이다.

실버 자산관리의 핵심은 미래를 나쁘게 예상하고 대비하자는 것이다. 대한민국의 경제상황과 금융환경을 감안해 보았을 때 지금 보유하고 있는 자산이 10년, 20년, 30년 후에도 계속 있을 지는 아무도 모르는 게 인생이다. 좋게 생각하다 나쁘게 되는 것보다는 나쁘게 생각하다 좋게 되거나 아니면 나쁘게 되는 것이 훨씬 낫다. 나쁘게 되더라도 이미 예상하고 있었기 때문에 미리 준비할 수 있고 또한 결과에 대해 받아들일 수 있기 때문이다. 아울러 자산구성도 실물자산보다는 금융자산 위주로 준비해야 한다. 대한민국처럼 거시 경제변수에 취약한 나라에서는 부동산 같은 실물자산보다는 환경변화에 빠르게 대처할 수 있는 금융자산이 훨씬 더 도움이 된다. 노후기의 가장 큰 효자는 자녀도 부동산도 아닌 '돈'이라는 것을 잊지 말자.

2장
실버 자산관리 소개

2장
실버 자산관리 소개

1. 실버 자산관리의 컨셉

실버세대의 자산관리는 젊은 세대에 비해 손실을 회복할 시간적 여유가 부족하기 때문에 계획 수립단계에서부터 세심하게 접근할 필요가 있다. 일반적인 자산관리의 고려사항에는 수익성, 유동성, 안정성의 세 가지가 있는데 각각에 대해 알아보자.

① 수익성

금융기관별로 수많은 상품이 있고 수익률도 제각각이기

때문에 최소한 일정수준 이상의 수익성을 고려해야 한다.

② 유동성

급전이 필요할 때 수시로 찾아 쓸 수 있는 것이 좋다. 대표적으로 부동산의 경우 아무리 수익성이 높더라도 자금이 묶여 있다면 유동성이 떨어지게 된다.

③ 안정성

하루아침에 원금을 다 까먹는다면... 자산관리에 있어서 꼭 고려해야 하는 사항은 얼마나 안정적으로 자금이 운용되는가 하는 점이며, 지나치게 투기적인 것은 피하는 게 좋다.(예 : 주식 몰빵투자)

◉ 금융상품별 비교

구분	수익성	안정성	유동성	비고
정기예금 및 적금	낮음	높음	낮음	중도해지시 수익률 저하
부동산	높음	보통	낮음	현금화가 어려움
주식	높음	낮음	높음	고위험, 스트레스
뮤추얼펀드	보통	보통	낮음	펀드에 따라 수익률에 차등
채권, 선물	보통	높음	낮음	전문지식 필요

2장 실버 자산관리 소개

실버 자산관리는 안정성을 담보로 수익성과 유동성을 추구해야 한다. 사람은 나이가 들어갈수록 마음이 약해지는 특성이 있기 때문에 만에 하나 자산손실이 생길 경우 회복하기도 어려울 뿐더러 정신적으로 큰 스트레스를 받을 수 있다. 따라서 부동산이나 주식에 올인 하는 스타일의 투자는 가급적 지양하고 계란을 한 바구니에 담지 않는 것처럼 자신의 투자성향에 맞게 입체적 포트폴리오를 구성해서 분산투자하는 것이 바람직하다.

설령 주변의 사람들에 비해 단기적으로 투자수익률이 낮을 수는 있어도 장기적으로 보았을 때 마음 편하게 안정적으로 순자산을 늘려 나갈 수 있기 때문이다.

아울러 자산관리는 절대 혼자서 성공할 수 없다고 한다. 먹고 사는 문제도 바쁜데 수시로 변하는 경제상황과 금융환경 속에서 개인이 충분한 정보를 가지고 진행하기 어렵기 때문이다. 따라서 자산관리에 성공하려면 나에게 맞는 재무목표를 세우고 그것을 실천할 수 있게끔 꾸준히 관리해야 하는데, 여기서 필수조건이 바로 전문가를 만나 도움을 받는 것이다. 자산관리는 쉼표는 있어도 마침표는 없기 때문에 전문가와 함께 안정성을 잣대로 삼아 자산관리 계

획을 세우고 꾸준히 관리해 나가는 것이 실버 자산관리의
컨셉이다. 살아 있는 마지막 순간까지 필요한 것이 바로 자
산관리이기 때문이다.

2. 향후 투자환경 전망

우리나라의 대표적 투자수단은 은행, 부동산, 채권, 주식의 4가지로 압축할 수 있는데, 각각의 투자수단에 대해 필자가 바라본 중장기적 전망을 이야기 해 보자.

① 향후 금리전망

금리에는 정책금리와 시장금리의 2가지 큰 흐름이 있다. 정책금리란 인플레이션이나 부동산 경기, 경제성장률 등을 감안해서 정부에서 인위적으로 관리하는 금리를 말하며, 시장금리란 자본주의의 논리에 입각해서 자금의 수요와 공급이 일치하는 균형금리를 말한다. IMF 이후의 초 저금리 상황은 대표적인 시장금리의 전형으로 인식되나 전문가들이 보는 시각은 현재 우리나라의 시장금리는 5~6%대가 적정하다고 한다. 즉, 정부에서 여러 가지 이유로 금리인상을 조절하고 있다는 뜻이다.

〈 표 : 우리나라 금리 추이 〉

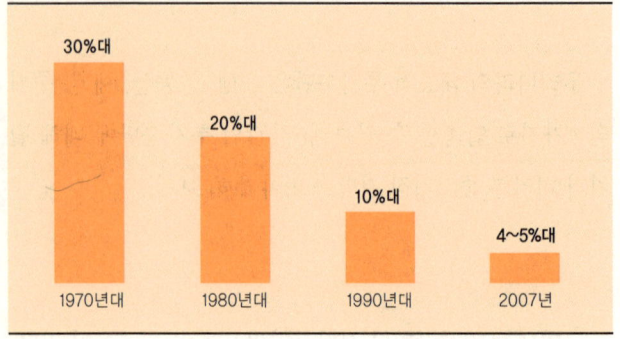

2006년과 2007년 들어 정부에서 콜 금리를 지속적으로 인상했다. 하지만 2007년 말부터 2008년 초까지 현재 1년 만기 정기예금의 평균금리는 여전히 년 4~5%대이다. 금융기관마다 선보이는 5% 이상의 예금은 소위 말하는 '특판예금'으로 고객의 자금을 유치하기 위한 미끼상품의 성격이다. 그래서 아직도 인플레이션 대비 금리가 낮은 수준이기 때문에 은행에 돈을 넣어 두면 손해를 보게 된다.

이러한 금리기조가 앞으로는 어떻게 변할까? 필자가 보기엔 정부에서 인위적으로 잡고 있는 것은 분명히 한계가 있기 때문에 조금씩 오를 것으로 판단된다. 정책금리를 계속 유지하는 것은 자본시장의 왜곡을 초래할 수 있어 중장기적으로는 대한민국 경제에 악영향을 끼칠 가능성이 높기 때문이다. 따라서 향후 3~5년을 내다보면 시장금리에 점점 근접할 것으로 예상된다. 하지만 시장금리에 접근한다 하더라도 수익률 면에선 인플레이션을 초과하기는 어렵기 때문에 은행상품의 수익성은 그다지 좋지 못할 것으로 생각된다.

② 향후 부동산 전망

이제까지 대한민국 부동산 시장의 예측은 '신(神)의 영역'이었다고 해도 과언이 아니다. 우리나라 부동산시장은 정부와 각계각층 전문가들의 예상과는 달리 '부동산 불패 신화'를 계속 이어 왔다. '아는 것이 죄'라고 필자도 부동산에 대한 정부 생각을 존중하다 보니 상대적인 손실도 많이 입은 것이 사실이다. 2008년 현재도 부동산에 대한 시각은 그야말로 천차 만별이다. 무조건 오를 것이라는 '부동산 불패파'와, 상투를 잡고 있기 때문에 일본처럼 부동산 장기불황에 빠질 수 있다는 '부동산 필패파'가 첨예하게 대립하고 있는 상황이다.

이런 상황에서 향후 부동산 시장 전망을 예측하기란 무척 어려운 일이다. 그래서 필자는 자본주의의 핵심 논리, 즉 수요와 공급 차원에서만 견해를 밝히고자 한다. 부동산

5060세 대 를 위 한 부 자 되 는 자 산 관 리

은 다른 재화와 달리 공급이 정해져 있다. 즉, 희소성의 원칙이 적용되는 재화인데 그렇기 때문에 수요와 공급의 법칙이 100% 통용되는 시장이다. 일례로 강남의 아파트는 한정되어 있는데 수요가 많다 보니 웬만한 아파트는 10억 원을 호가한다. 하지만 앞으로는 어떻게 될까? 수요가 계속 늘어날까, 아니면 감소할까.

필자가 보기엔 공급은 정부정책에 따라 좌우될 수 있겠지만 수요는 반드시 줄어들 수밖에 없다고 본다. 가장 큰 이유는 앞 장에서 언급했다시피 '고령화, 저출산'의 인구구조이다. '고령화, 저출산' 문제로 부동산을 살 수 있는 경제인구가 갈수록 줄어드는 상황에서 부동산 가격이 앞으로 계속 상승할 수 있겠느냐는 논리다.

● 베이비붐 세대 퇴직 임박 대책 필요 (초고령화 사회 2006/06/25)

[머니투데이 김양현 기자]

약 810만 명에 달하는 우리나라의 베이비 붐 세대(1955~1963년
에 태어난 세대)가 7~8년 뒤 정년을 맞을 것으로 예상돼 이에 대한
대비책 마련이 시급하다는 지적이 제기됐다. 베이비 붐 세대는 1955
년부터 63년 사이 출생한 세대를 말한다.

정후식 한국은행 조사국 부국장은 1일 '일본 베이비 붐 세대 퇴직
의 영향과 정책대응' 이라는 연구보고서에서 "일본의 베이비 붐 세대
(1947~1949)가 2007~2009년에 정년을 맞게 돼 노동력 부족과 연
금재정악화 등 경제 및 사회 각 부문에서 커다란 충격이 예상 된다"며
이같이 밝혔다.

하지만 일본 정부 및 기업은 정년 연장, 기능전수 제도 개선 등으
로 충격을 최소화하려 하고 있어 고령화의 급속한 진전에도 불구하고
퇴직에 따른 큰 위기는 없을 것으로 내다봤다.

보고서는 또 우리나라의 경우 약 810만 명에 달하는 베이비 붐 세

대가 총인구의 16.8%로 매우 높은 수준으로 57세에 퇴직한다고 가정할 때 2012~2020년 사이 정년을 맞게 될 것으로 예상했다.

특히 일정 연령에 도달한 인력을 능력 및 경력 등과 관계없이 퇴출시키는 관행이 정착되고 있어 대규모 퇴직사태가 3~4년 후로 앞당겨질 가능성도 제기됐다.

보고서는 베이비붐 세대의 대규모 퇴직이 경제에 미치는 영향을 면밀히 분석하는 한편 이를 토대로 정년 연장 및 연금지급연령 상향 조정 등 제도개선 문제를 검토할 필요가 있다고 지적했다.

박스의 신문기사만 보더라도 향후 수 년 이내에 800만 명에 달하는 실버세대가 은퇴를 하게 된다. 은퇴한 실버세대가 강남이나 분당에서 살 필요가 있을까? 오히려 교외의 전원주택이나 실버타운을 선호할 것이다. 여기에 낮은 출산율까지 합쳐지면 향후 10년 정도만 지나도 수도권의 인기가 떨어지는 지역은 '슬럼화'가 될 지도 모른다.

따라서 부동산 시장은 앞으로 '부익부 빈익빈' 현상이 심해질 것으로 판단되기 때문에 아파트 한 채가 재산의 전부인 우리나라 대다수 국민들은 지금부터라도 선진국처럼 부동산 보유 비중을 줄이고 금융자산을 늘리는 노력이 필요하다. '계란을 한 바구니에 담지 않는다'는 투자의 격언처럼 부동산에 몰빵했다가 부동산 경기가 하락하게 된다면 헤어 나오기 힘든 늪에 스스로를 가두는 격이 될 지도 모르기 때문이다.

③ 향후 채권 전망

채권은 은행 예금상품보다는 항상 높은 수익을 낼 수 있는 금융상품이다. 예금금리보다는 대출금리가 높기 때문인데, 수익률이 좋은 반면 선뜻 투자하기란 다소 부담이 가는 상품이다. 채권 투자에는 각종 옵션이 많고 안정성도 잘 살펴보아야 하기 때문이다.

채권은 안정성이 핵심인 상품인데 채권투자도 잘 못 하면 원금 손실을 입을 수 있다. 채권은 금리와 불가분의 관계에 있는데 금리가 올라가면 채권 수익률은 떨어지고, 금리가 내려가면 채권 수익률은 올라간다.

예를 들어 연 6%의 이자를 지급하는 5년 만기 10억 원짜리 이표채에 투자했는데 몇 달 후에 시중금리가 떨어져서 연 5% 채권만 발행된다고 가정해 보자. 당연히 먼저 구입해 둔 채권의 가치는 나중에 발행된 채권보다 높을 것이다. 이 채권을 팔아서 현금화하면 5년 치의 이자 차이에 해당하는 수익을 얻을 수 있다. 반대로 시중금리가 올라서 연 7%의 채권이 발행된다고 생각하면 기존의 채권을 사려는 사람이 없기 때문에 현금이 필요해서 팔 경우 손해를 입게 되는 것이다. 따라서 만기보유가 아니라 투자의 측면에서 채권을 구입하는 사람은 향후 금리 변화에 대해 심각하게 고민해 보아야 한다.

향후 금리는 앞서 언급한 대로 정책금리에서 시장금리로 갈 것이라는 전문가들의 의견이 지배적이기 때문에 채권투자는 중장기적인 면에서 보았을 때 득보다는 실이 많을 것으로 예상된다.

④ 향후 주식 전망

지금까지 금리, 부동산, 채권의 전망에 대해 알아보았다. 단기적인 재테크가 아니라면 투자 수단의 개별적 호재, 악재 보다는 대세를 볼 필요가 있는데, 중장기적 대세는 결국 '주식' 으로 귀결될 것이라는 게 많은 전문가들의 공통된 시각이다. 500조 원이 넘는다는 시중 부동자금이 어떤 재테크 수단으로 몰리느냐에 따라 중장기적 향방이 결정되겠지만, 앞으로의 금융환경 변화를 예상해 보면 돈이 갈 데가 결국 주식 밖에 없다고 생각된다.

은행 금리는 너무 낮아서 계속 묶어 두기 어렵고, 부동산은 향방을 점칠 수 없으며, 금리가 조금씩 오르는 추세에서는 채권 투자도 생각하기 힘들다. 결국 남은 것은 주식뿐인데 요즘엔 적립식 펀드라는 간접 투자 방식도 정착되어서 은행에 저축하러 가면 대부분 적립식 펀드를 권해주는 게 일반화 되어 있을 정도다.

여기에 자본주의 논리인 '수요와 공급의 법칙' 을 생각해 보면 공급(주식회사의 상장)은 일정하거나 소폭 증가하는데 비해 수요는 점점 늘어나는 형국이므로 중장기적으로

● "한국 주식수요 꾸준히 늘 것" (매일경제 2006.5.24)

인구 구조상 변화로 주식에 대한 수요가 2008~2020년까지 꾸준히 지속될 것이라는 주장이 제기됐다.

김경록 미래에셋투신운용 대표는 9일 그랜드 하얏트 호텔에서 열린 '미래에셋 자산배분 포럼'에서 "한국은 40대 30대 50대 순으로 주식보유 비중이 높은데 퇴직연금과 주가 상승 등으로 주식 보유연령이 늦춰질 가능성이 있다"고 말했다.

일본이나 한국 자산구조는 부동산과 예금에 편중돼 있다. 일본은 부동산 비중이 74%, 금융자산 비중이 26%다. 한국은 부동산 비중이 83%, 금융자산 비중이 17%다. 이는 미국 부동산 비중 30%, 금융자산 비중 70%에 비교할 때 크게 대조된다. 실물수요 증가가 계속되면 실물가격 상승과 거품 붕괴, 고령화 비용 증가 등 악순환이 나타날 수 있기 때문에 금융부문 증가와 수익률 향상이 필요하다는 지적이다.

보았을 때 미국처럼 대세 상승할 것이라는 데는 이견이 없다. 자세한 향후 주식시장의 전망에 대해서는 '3장(백만장자 프로젝트 소개)'를 참조하길 바란다.

이상으로 4대 투자 수단에 대한 향후 전망을 점검해 보았는데, 주관적이든 객관적이든 앞으로 '주식'을 빼 놓고는 재테크를 이야기하기 힘들 것으로 생각된다. 일반적으로 한 국가의 경제성장 시기에 맞추어 각각의 투자수단이 각광받게 마련인데 후진국일수록 돈이 귀하기 때문에 금리가 높다. 다음으로 경제가 성장함에 따라 금리가 떨어지면서 채권이 뜨게 되고 부동산 또한 소득증가와 더불어 큰 폭의 수익을 낼 수 있다. 이런 과정을 거쳐 선진국의 문턱에 다다르면 마지막으로 주식이 뜨게 된다. 우리나라의 경우는 이미 모든 과정을 거쳤다고 판단되며 마지막 남은 투자수단은 주식 밖에 없다는 것이 필자의 생각이다. 따라서 평생 자산관리를 해야 하는 실버세대의 경우도 위험자산인 주식에 어느 정도 포트폴리오를 편입시킬 필요가 있다. 너무 안정성 위주로 자산운영을 하다 보면 주가 상승에 따른 상대적 박탈감을 느낄 수 있기 때문이다.

하지만 주식은 부동산만큼이나 어렵고 복잡한 투자수단이다. 어느 종목에 어떤 방식으로 투자해야 하는지... 공부하면 공부할수록 판단을 내리기 어렵다. 먹고 살기도 바쁜데 밤 새워 가며 고민할 것인가. 정답은 전문가에게 맡기는 것이 최선의 방법이라는 것이다. 요즘은 각 금융기관별로 전문가들이 진을 치고 있다. 전문가와 상담을 하고 고객 본인의 성향에 맞게 상품을 선택하면 된다.

다만 여기서 주의할 점은 대한민국은 기름 한 방울 안 나는 수출입 의존도 90% 이상의 전형적 무역국가라는 것이다. 즉, 유가나 환율, 각종 원자재 가격의 변동에 따라 국가경제가 흔들릴 수 있고 미국, 일본, 유럽, 중국과 같이 묶여 있기 때문에 글로벌 경제의 불안에도 주가는 크게 출렁거릴 수 있다.

주가는 미래를 알 수 없기 때문에 '신(神)의 영역'이라고도 표현하는데 필자의 생각엔 우리나라의 주가가 대세상승을 하긴 하는데 크게 출렁거리며 할 것으로 예상된다. 즉, 단기적 투자로는 고수익을 올리기 힘들 가능성이 높다는 뜻이다. 따라서 부자가 되려면 주식에 투자하되 단기적 급등락을 의식하지 말고 장기적으로 투자하는 것이 훨씬 유

리하다. 여기에 목돈 투자보다는 적립식으로 투자하는 것
이 Cost Averaging 효과(평균매입비용 감소 효과)로 인해
수익을 더 극대화 할 수 있다. 적립식으로 장기 투자하면서
시간의 마술과 복리효과를 극대화하는 것, 이것이 평범한
일반인도 부자가 될 수 있는 비결이다. 장기간 주식에 효율
적으로 투자하는 방법에 대해서는 백만장자 프로젝트 소개
칼럼에서 자세히 조명해 볼 예정이다.

3. 실버 자산관리 고려사항

필자가 FP(Financial Planner)를 처음 시작했을 때는 주로 일반인들을 많이 만났지만 요즘은 내공이 많이 쌓여서 주로 부자들을 만나고 있다. 부자를 만나면 '자산관리는 주로 어디에 맡기십니까?' 라는 질문을 꼭 하는데, 대다수의 부자들은 주로 은행의 PB(Private Banker)나 증권의 FA(Financial Adviser)에게 맡기고 있었다. 수많은 상담을 통해 필자가 느낀 것은 부자들 역시 즉흥적인 자산관리를 하는 경우가 많다는 것이다.

이른바 뒷북치기식 투자인데 예를 들어 어떤 주식이나 펀드가 뜬다는 소문을 들으면 그 상품에 과감하게 투자를 한다. 그런데 이런 식의 투자는 '도 아니면 모' 스타일이다 보니 결과가 좋거나 아니면 나쁘거나 둘 중의 하나다. 필자가 만난 어떤 부자의 경우 모 은행의 PB가 잘 한다는 소문을 듣고 찾아갔다고 한다. 가서 2억 원 정도를 맡기고 테스트를 해 보니 결과가 좋아서 그 다음에 5억 원, 10억 원으로 금액을 올리다 신뢰감이 들자 30억 원을 맡기게 되었다. 결과가 어떻게 되었을까? 30억 원이 25억 원으로 줄어들어서 난리법석을 부렸다고 한다.

이 말은 주식이든 펀드이든 오르락내리락 출렁거림이 있기 때문에 분산투자 시스템을 갖추지 않고서는 금융환경에 따라 일희일비할 수밖에 없다는 뜻이다. 그 어떤 전문가도 투자의 흐름을 100% 맞출 수는 없다. 더구나 단기 금융기관인 은행과 증권의 경우는 기본적으로 1년 단위로 평가를 받기 때문에 중장기적 자산운용보다는 단기적 자산운용에 더 강점이 있다. 그래서 필자는 중장기적 자산관리의 성공을 위해서는 은행, 증권보다 중장기 금융기관인 보험회사 FP가 더 낫다고 생각한다.

미국의 경우 총 펀드 판매량의 약 60% 정도를 특정 금융기관에 소속되지 않은 독립적인 FP가 취급하고 있다. 앞으로 우리나라의 경우도 자본시장통합법, 한미 FTA 등이 시행되면 FP에 의한 본격적인 자산관리 문화가 도입될 것으로 예상된다. 자산관리는 1~2년이 아니라 10년, 20년을 해야 하므로 자산관리 전문 FP와 함께 계획을 세우고 실천해 나갈 것을 권해 드린다.

다음으로 중장기 자산관리에 있어서 꼭 고려해야 하는 사항에 대해 알아보자.

① Invest vs Trade

'투자' 라는 단어를 영어로 바꾸면 'Invest' 인데 우리나라 국민들은 투자를 'Trade' 로 생각하고 있다. 'Trade' 는 싸게 사서 비싸게 파는 것을 의미한다. 주식이든 부동산이든 싸게 사서 가격이 올랐을 때 팔아 차익을 남기면 투자에 성공했다고 하는 것이다. 이런 투자의 컨셉은 '재테크' 라는 단어에도 내포돼 있다. 재테크는 '財' 와 'Technic' 이 합쳐진 말로 테크닉을 잘 구사해 자산을 늘린다는 뜻이다. 즉, 단기적 의미가 강하게 들어 있는데 이렇게 투자를 단기적으로 생각하다 보니 순간적으로는 수익이 나도 5년, 10년을 보면 좀처럼 순자산이 늘어나지 않는 경우가 비일비재하다. 남들 주식은 다 오르는데 내 주식만 떨어지고 남들 아파트는 다 뛰는데 내 아파트만 제자리인 것과 유사하다. 즉, 신(神)을 제외하고는 단기적 출렁거림을 알 수 없기 때문에 투자는 기본적으로 '장기' 라는 개념이 필수적이다.

필자가 생각하는 투자란 '투자의 맥락에 장기적으로 내 자본을 투하해서 대규모 이익을 창출하는 것' 으로 요약할 수 있다. 즉, 단기적인 변동에 연연하지 않고 내가 세운 자산관리 목표가 꾸준히 달성되도록 지속적으로 투자하는 것이 필요하다. 여기서 고민할 부분은 과연 향후 '투자의 맥락'이 무엇일까 하는 점이다. 앞 장에서 언급했듯이 예금, 채권, 부동산, 주식 중 앞으로 대규모 수익을 거둘 수 있는 투자수단은 주식 밖에 없다는 것이 대다수 전문가들의 공통된 견해다. 그러면 앞으로 어떤 주식이 유망할까?

일반적으로 1인당 국민소득 2만 달러까지는 물질적 풍요를, 2만 달러 이후부터는 정신적 풍요를 추구한다고 한다. 우리나라도 2만 달러 시대에 진입하고 있는데 벌써부터 웰빙이나 레저 같은 삶의 질을 올리는 사업들이 각광을 받고 있다. 따라서 앞으로 유망한 신성장주는 환경, 바이오, 제약, 레저, 에듀케이션, 엔터테인먼트, 헬스케어, 투자금융, IT등 인간의 삶의 질을 올려 주는 업종들이라고 전문가들이 예상하고 있다. 그런데 이런 종류의 회사는 제조업이나 중화학공업과는 달리 회사가 껍질뿐인 경우가 많다. 사람의 두뇌와 기술을 이용해서 매출을 올리는 기업들이므로 필자가 보기엔 바야흐로 전문가에 의한 간접투자의 시대가 본격적으로 열릴 것으로 생각된다. 이런 종류의 회사들을 개인이 분석하고 판단하기 너무 어렵기 때문이다.

결론적으로 투자의 맥락인 주식에 장기적으로 내 자본을 투하해서 대규모 수익을 거두기 위해서는 개별 종목보다는 향후 유망한 회사들을 편입하고 있는 펀드에 투자하는 것이 합리적이라고 정리할 수 있다. 장기투자에 능한 펀드매니저를 찾아내 순간적인 출렁거림을 의식하지 않고 장기적으로 투자하는 것이 필자가 생각하는 '투자의 요체' 이다. 장기 투자에 대한 자세한 내용은 '백만장자 프로젝트 소개'에서 자세히 조명해 볼 예정이다.

② 산술평균 vs 기하평균

얼마 전 세계적 투자의 귀재라는 워런 버핏이 한국을 방문했다. 기자회견장에서 어떤 사람이 "3개월에 1,000%의 투자수익률을 냈다고 하는데 사실입니까?" 라는 질문을 해서 세계 제일의 부자를 웃게 만들었다고 한다. 참고로 워런 버핏은 '주식을 사지 말고 회사를 사라' 라는 모토로 유명한 장기투자의 귀재이다. 이 질문에 대한 답변은 "저는 매년 25% 정도의 수익률 밖에 내지 못했습니다. 다만 40년 동안 냈을 뿐입니다." 였다.

2007년 들어 중국펀드나 일부 배당주펀드들이 연 수익률 100%를 낸적이 있다. 고수익이 난다고 소문이 도니까 묻지마 투자자들이 북새통을 이루는 모습이 연출되고 있는 데 이런 뒷북치기식 투자행태를 필자는 '파친코식 투자'라고 부르고 싶다. 어떤 투자수단이던 오르막이 있으면 내리 막이 있기 마련인데 신이 아닌 이상 계속 오르막만 탈 수는 없기 때문이다. 고수익의 환상에 젖어 남들 하는 대로 따라 하다 보니 당첨됐을 때는 고수익이 나지만 당첨되지 않을 때는 큰 손해를 볼 수 있다. 내 투자수익률이 50%가 나도 남이 100%를 냈다면 배 아파 하는 것이 우리나라 투자자 들의 속성이다. 자산관리는 장기적으로 좋은 결과를 도출 하는 것이 목적이기 때문에 이런 단기적 파친코식 투자로 는 성공하기 어렵다.

　우리나라에 들어 와 있는 외국투자자본(헤지펀드) 중에 서 유명한 '론스타'라는 펀드가 있다. 외환은행 매각 건으 로 세간의 이목을 집중시킨 적이 있는데 사실 헤지펀드는 투기 자본이라기보다는 투자자본의 성격이 더 짙다. 헤지 펀드는 소수의 투자자들에게서 투자의 전권을 위임받아 벤 치마크 수익률 이상의 수익률을 올리는 투자 자본을 말한 다. 참고로 미국계 헤지펀드의 요구수익률은 연 7% 정도라고 한다. '미국 금리 + 3%' 정도의 수익률이면 헤지펀드 투자자들이 만족한다는 뜻이다. 다만 1~2년이 아니라 중장기적으로 계속 수익률을 기록해야 펀드가 유지된다.

선진국인 미국 투자자들의 요구수익률이 연 7%대라면 우리나라의 경우는 인플레를 감안하여 연 10%면 만족할만한 수준이라고 생각된다. 매년 10%씩 꾸준히 수익이 나도 7년 만에 투자원금이 두 배 가량 늘어난다. 하지만 이 정도 수익률에 만족하는 투자자는 거의 없는 실정이다. 주식이 강세장이다 보니 웬만한 펀드도 보통 수십 퍼센트의 수익을 올리기 때문이다. 하지만 주식은 강세장이 있으면 약세장이 온다는 것을 잊지 말아야 한다. 최근 들어 선풍적 인기를 끌고 있는 브릭스펀드의 경우도 불과 얼마 전까지 마이너스 수익률을 기록했다. 따라서 안정적이고 꾸준한 수익률을 통한 순자산 증식이라는 자산관리의 컨셉을 이해하고 실천하려면 '화려한 투자'와 '현명한 투자'의 차이점에 대해 고민해 볼 필요가 있다.

고등학교 수학시간에 배운 '산술평균'과 '기하평균'이라는 단어가 있다. 사전적 의미로는 너무 복잡하므로 간단

히 정리해서 말하면 '단순평균'과 '복리평균' 정도로 생각
하면 된다. 예를 들어 A라는 투자자와 B라는 투자자가 각
각 1억 원의 투자금으로 동시에 투자를 시작했다고 가정해
보자. A는 성격상 큰 수익률을 원해서 주식편입비율이 높
은 투자를 했고 B는 안정적으로 꾸준히 수익이 나는 포트
폴리오를 선택했다. A는 투자 첫해에 60%의 수익이 났으
나 다음해에는 -30%, 다시 다음해에는 +60%의 수익률로
6년간 했고, B는 처음부터 꾸준히 15% 정도의 수익률을
냈다. A와 B의 단순평균은 둘 다 똑같이 年 15%지만 복리
평균인 기하평균으로 비교해 보면 A는 6%를, B는 15%를
기록했다. 이를 투자금액으로 환산하면 A는 1억 원을 투자
해서 6년 뒤에 1억 4천만 원이 된 반면 B는 6년 뒤에 2억 3
천만 원이 되어 있다.

〈표 : 화려한 투자와 현명한 투자 〉(단위 : 백만 원)

연도	0	1	2	3	4	5	6	산술평균	기하평균
A의 수익율		60%	-30%	60%	-30%	60%	-30%	15%	6%
B의 수익율		15%	15%	15%	15%	15%	15%	15%	15%
A의 자산	100	160	112	179	125	201	140		
B의 자산	100	115	132	152	175	201	231		

　　우리나라 투자자들은 산술평균을 좋아한다. 전 세계에서 가장 성격이 화끈하기 때문인데 그러다 보니 주식의 출렁거림을 극복하지 못해 장기적으로 보면 기하평균이 낮아지게 된다. 세계적 투자의 귀재인 워런 버펏도 연 25% 정도의 수익률을 올렸을 뿐이지만 무려 40년 동안 이어지다 보니 세계 제일의 부자가 되었다는 사실을 주목해야 한다. 앞으로 우리나라도 10년, 20년 뒤엔 주가지수 1만 포인트 시대를 열 것으로 예상된다. 이러한 투자의 황금기를 산술평

균이 높은 투자를 할 것인지, 아니면 기하평균이 높은 투자
를 할 것인지 현명한 투자자의 선택이 요구되는 시기다. 장
기적으로 기하평균을 높이는 투자가 바로 실버 자산관리의
요체라고 할 수 있다.

③ 수익률의 함정 vs 수익률의 마술

2007년 들어 주식시장이 사상 최고치를 기록하면서 바
야흐로 전 국민이 주식투자의 열풍에 휩싸이게 되었다. 일
부 펀드의 경우 연 수익률이 100%를 기록하기도 했는데
어느 종목 또는 어느 펀드에 투자했느냐에 따라 수익률도
천차만별이었다. 이런 상황이다 보니 연 수익률 20~30%
정도는 명함도 못 내미는 분위기가 연출되었는데, 필자는
이런 현상을 일컬어 '수익률의 함정'에 빠졌다는 표현을 하
고 싶다. 사실 그 어떤 종목이나 펀드도 매년 높은 수익을
낼 수는 없다. 작년에 수익이 나빴어도 올해 좋을 수 있고,
작년에 좋았어도 올해 나쁠 수 있는 것이 주식의 속성이다.
그래서 일반적 상식을 뛰어넘는 수익률은 경계해야 한다.
'High Risk, High Return'의 법칙 때문인데, 수익률이 높
을수록 반대로 손실도 클 수 있기 때문이다.

수익률의 함정이란 우리나라 투자자들처럼 높은 수익을 선호하는 사람들이 범하기 쉬운 오류를 말한다. 예를 들어 1억 원을 투자했는데 100%의 수익이 났다고 가정하면 2억 원이 된다.(수수료 제외) 매우 기분이 좋겠지만 주식은 오르막이 있으면 내리막이 있기 마련이다. 만약 다음해에 마이너스 50%가 났다면 투자금은 어떻게 될까? 얼핏 생각해 보면 수익 1억 원이 반으로 줄어들어 1억5천만 원이 되어 있을 것 같지만 실제로는 '2억 원 곱하기 -50%' 해서 1억 원으로 줄어들게 된다. 이익이 100%가 났어도 손실이 50%만 나게 되면 다시 원금이 된다는 뜻이다. 여기에 수수료를 감안하면 실제로는 원금 이하가 된다. 즉, 투자는 수익률을 높이는 것도 중요하지만 손실이 나지 않게 안정적으로 관리하는 것이 더 중요하다는 뜻이다.

필자가 이런 상담을 진행하면 반론을 제기하는 고객이 있다. 손실이 나기 전에 환매하면 되지 않느냐는 것이다. 이론적으로는 가능할 것 같지만 현실은 틀리다. 주식시장의 흐름은 신의 영역이기 때문에 어느 누구도 예측할 수 없을 뿐더러 최고점에 대한 추억이 남아 있다 보니 전문가의 도움 없이는 환매시기를 정할 수 없기 때문이다.

예를 들어 1억 원을 투자해서 1억5천만 원이 되었는데 갑자기 주가가 빠져서 1억4천만 원으로 줄어들었다면 어떻게 하는 것이 가장 좋을까? 뺄까 말까 고민하고 있는데 다시 1억3천만 원으로 줄어든다면 또 어떻게 할 것인가. 1억3천만 원까지는 고민할 수 있지만 1억2천만 원으로 줄어든다면 그때부턴 뺄 수 없게 된다. 1억5천만 원에 대한 추억이 강하게 남아 있기 때문이다. 그러다 1억 원이 되고 7~8천만 원이 되면 신세를 한탄하게 되고 '1억2천만 원일 때 뺄 걸' 하면서 스스로를 학대하게 되는 것이다.

주가는 오를 때는 천천히 오르다가 빠질 때는 갑자기 빠지는 경향이 있다. 시장에 참여한 투자자들의 불안심리 때문인데, 그래서 목표수익률을 정하고 포트폴리오로 관리하지 않으면 내 자산이 주가에 따라 급격하게 늘어났다 줄어들었다를 반복하게 된다. 이른바 '수익률의 함정'에 빠진 것이다. 따라서 안정성이 무엇보다 중요한 5060세대의 자산관리는 '수익률의 함정'에 빠지지 않도록 목표수익률을 보수적으로 정하고 금융환경의 변화에 적절하게 대응할 수 있는 포트폴리오 구성이 매우 중요하다고 할 수 있다.

'수익률의 함정'에 대비되는 말로 '수익률의 마술'이라는 용어가 있다. '수익률의 마술'이란 적은 수익률로도 상대적으로 높은 수익을 얻을 수 있다는 뜻이다. 예를 들어 A와 B라는 투자자가 동시에 1억 원을 펀드에 투자했다고 가정해 보자. 펀드의 수익구조는 '기준가격과 보유좌수의 곱'으로 이루어진다. A는 10%의 수익률을 기록해서 '기준가격 11,000원 × 보유좌수 10,000좌' 해서 1억1천만 원이 되어 있다. 그런데 B는 5%의 수익밖에 내지 못했다. 상식적으로 생각해 보면 1억5백만 원이 되어 있을 것 같지만 실제로는 1억 1천5백만 원이 되어 있다. B의 경우 주가하락기에 펀드 변경을 통해 보유좌수를 10% 늘렸기 때문이다.

〈표 : 기준가격과 보유좌수의 상관관계 〉

구분	수익률	기준가격	보유좌수	합계
A	10%	11,000원	10,000좌	110,000,000원
B	5%	10,500원	11,000좌	115,000,000원

즉, B는 A보다 수익률은 낮지만 주가하락기에 자산관리를 잘 했기 때문에 보유좌수를 늘릴 수 있어서 상대적으로 더 높은 수익을 얻을 수 있었다. 좀 더 쉽게 설명하면 기준가격이 10,000원인 시점에서 앞으로 주가가 하락할 것이라고 판단해서 원금이 보장되는 채권형으로 옮겼다고 가정해

보자. 주가가 10% 하락한다면 기준가격은 9,000원이 된다. 이 시점에서 다시 주식형으로 갈아타면 보유좌수는 '1억 원 ÷ 9,000원' 해서 11,111좌가 된다. 즉, 펀드는 수익률도 중요하지만 보유좌수를 늘리는 것도 내 수익을 올릴 수 있는 좋은 방법이므로 주가의 큰 출렁거림에 적절히 대응만 해도 실효수익률을 높일 수 있다.

다만 이런 환매 또는 펀드 변경은 개인이 충분한 정보를 가지고 판단하기는 어려우므로 전문가의 도움을 받는 것이 좋다. 하지만 그 어떤 전문가라도 100% 주가를 맞추기는 어려우므로 작은 출렁거림은 받아들이고, 큰 출렁거림이 왔을 때 적절히 대응한다고 생각하면 된다.

주식시장에 '무릎에서 사서 어깨에서 팔아라'는 격언이 있는 것처럼 자산관리 또한 100%의 'Best'는 없다. 70~80%의 'Good' 정도만 진행해도 주먹구구식 뒷북치기 투자보다는 시간이 흘러갈수록 훨씬 더 큰 효과를 발휘한다. 따라서 내 수익률이 일시적으로 남보다 낮다고 해서 실망할 것도 없고, 내 수익률이 일시적으로 남보다 높다고 해서 기뻐할 것도 없다. 결국 자산관리는 평생 진행해야 하므로 최대한 스트레스 받지 않고 시장의 벤치마크 수익률 보다 조금 더 높게 내 순자산이 불어난다면 여기에 만족감을 느끼는 것이 가장 바람직하다고 생각된다.

필자가 이 책 전반에 걸쳐 누누이 강조하지만 대한민국은 석유 한 방울 나지 않는 전형적인 무역국가다. 이 말은 유가나 환율, 각종 원자재 가격 등 각종 대내외 경제변수에 의해 주식시장 또한 출렁거림이 심하다는 뜻이다. 이런 경제구조 하에서 무조건 높은 수익률을 추구하다 보면 주가 하락기에 심각한 '주식울렁증'을 경험하게 된다. 애써 모은 재산이 점점 줄어드는 고통은 젊은 사람도 견디기 힘든데, 5060세대에게는 치명적일 수 있다.

따라서 실버 자산관리는 위에서 언급한 세 가지 고려사항 즉, Trade 보다는 Invest의 시각으로 접근해야 하고, 산술평균 보다는 기하평균을 높이는 투자 포트폴리오 구성을, 마지막으로 일시적인 높은 수익률을 추구하기 보다는 꾸준히 시장의 표준수익률을 상회하면서 주가하락기에 탄력적으로 관리할 수 있는 자산관리 시스템을 구축하는 것이 핵심 포인트라고 할 수 있다.

4. 실버 자산관리 Process

실버 자산관리는 '현재 보유하고 있는 자산과 매월 창출되는 수입의 효율적 운용 및 관리를 통해 평생 풍요로운 삶을 추구하는 것'으로 정의할 수 있다. 그렇다면 이렇게 골치 아픈 자산관리는 언제까지 해야 할까?

일반적으로 은퇴에는 '육체적 은퇴'와 '정신적 은퇴'가 있다고 한다. 일을 하기 어려울 정도로 나이가 들어 현역에서 은퇴하는 것을 '육체적 은퇴'라 하고, 60대부터 시작되는 노후활동기를 지나 인생회고기가 시작되는 70대 초중반 정도 되면 복잡한 세상사에서도 은퇴를 하게 되는데 이 시기를 '정신적 은퇴'라고 한다. 정신적 은퇴 이후에는 판단력과 기억력이 급격히 감퇴하게 되므로 자산관리는 정신적 은퇴 시기까지, 나이로 보면 70대 초중반 정도까지 해야 한다고 볼 수 있다.

따라서 5060세대는 앞으로 10년에서 20년 이상 자산관리가 필요하므로 평생 풍요로운 삶을 즐기려면 한 살이라도 젊을 때부터 체계적인 자산관리를 시작해야 한다.

실버 자산관리의 흐름은 재무목표 설정, 투자성향 분석,

자산배분 및 운용, 주기적인 사후관리의 크게 4단계로 나눌
수 있다.

① 재무목표 설정

자산관리에 있어 재무목표는 매 년 어느 정도의 수익률
을 달성할 것인지를 의미한다. 수익률은 높을수록 좋겠지
만 'High Risk, High Return'의 법칙이 존재하므로 시장상
황과 내 투자성향을 고려한 합리적 수익률을 목표로 해야
한다. 수익률을 이해하는데 좋은 자료로는 '72의 법칙'이
있다.

72의 법칙은 '72 ÷ 수익률 = (원금이)두 배가 되는 기
간'을 말한다. 즉, 수익률이 높을수록 내 자산이 그만큼 빠
른 속도로 불어난다는 것을 의미하는데, 이를 대표적인 투
자수단에 대입해 보면 은행금리를 4%로 적용했을 때 '72
÷ 4 = 18', 즉 원금이 두 배가 되는데 18년의 기간이 소요
된다. 채권의 수익률을 6%로 적용하면 '72 ÷ 6 = 12', 12
년이 소요된다. 부동산의 수익률을 8%로 가정하면 '72 ÷
8 = 9', 9년이 걸리며 주식의 수익률을 20%로 가정하면
'72 ÷ 20 = 3.6', 3년 반 정도 걸릴 것이다.

이렇게 보면 당연히 주식에 집중적으로 투자하고 싶은 생각이 들게 마련인데, 문제는 높은 수익도 가능하지만 반대로 큰 손실도 가능한 투자수단이 바로 주식이라는 점이다. 따라서 5060세대의 자산관리는 예금과 채권, 주식에 일정 비율로 분산투자하는 것이 필요하다. 설령 주식에서 손실이 발생하더라도 안전자산인 예금과 채권에서 어느 정도 커버할 수 있기 때문이다. 미국의 주식 투자 격언에 '100 - 자신의 나이'만큼 투자하라는 말이 있다. 예를 들어 50세는 주식에 50% 정도를, 60세는 주식에 40% 정도를 투자하는 것이 합리적이라는 것이다. 나이가 들어갈수록 수익성보다는 안정성 위주로 투자하라는 뜻인데, 이를 한국에 적용해 보면 '잠재성장률 4% + 물가상승 3% + 적정수익 3%'인 연 10% 정도가 적정하다고 판단된다.

연 10% 수익률을 우습게 보는 분들이 많은데 매년 10%만 달성해도 7년이면 내 자산이 두 배로 불어나게 된다. 이 정도면 인플레이션 이상으로 자산이 불어나므로 평생 큰 걱정 없이 노후생활을 즐길 수 있다. 이렇게 편안하게 관리하는 것이 나이 들어서까지 주판알을 튕겨 가면서 금융환경이 변할 때마다 스트레스 받는 것보다는 훨씬 낫지 않을까.

따라서 필자가 생각하는 적정 재무목표는 일반적 운용에서 연 10% 정도를, 공격적 운용에서 연 15% 정도를 목표로 하고 포트폴리오를 구성하는 것이 바람직하다고 판단된다.

② 투자성향 분석

흔히 우리나라 국민들을 일컬어 '세계에서 가장 화끈한 민족'이라고 부른다. 민족적 특성이 성격도 급하고 매사 빨리빨리, 매사 화끈하게 사는 사람들이 많아서이다. 이러다 보니 투자성향 또한 공격적인 분들이 많다. 아직도 간접투자인 펀드 보다는 직접 객장에서 또는 인터넷으로 주식에 투자하는 비율이 매우 높다. 따라서 주가의 향방에 따라 매일 울고 웃는 해프닝이 벌어지고 있는데, 적어도 실버세대는 편안한 노후생활이 가장 중요한 만큼 이런 식의 투자에서는 멀어져야 한다.

포커게임을 하는데 몇 번 잃다 보면 어느새 올인 하고 말듯이 자산관리도 마이너스가 자주 발생하면 아예 포기하게 되는 경우가 생길 수 있기 때문이다. 따라서 자산관리의 두 번째 단계인 투자성향 분석을 꼼꼼하게 해 볼 필요가 있다. 내 성향이 어떤 지도 모른 채 그저 남들이 하는 대로 따라

하다가는 손해는 차지하고 큰 스트레스를 받을 수 있기 때
문이다.

투자성향 분석은 각종 금융기관에서 무료로 받을 수 있
다. 투자성향에는 크게 공격적, 중도적, 보수적으로 구분되
는데 이번 장에서는 간단히 스스로 체크해 볼 수 있는 자료
를 준비해 보았다. 1분이면 체크가 가능하니 독자 여러분도
내가 어느 성향에 속하는지 테스트해 보자. 결과가 나오면
이번엔 내가 하고 있는 투자행태를 점검해 보아야 한다. 너
무 보수적이거나 너무 공격적이라면 보다 합리적이고 입체
적으로 포트폴리오를 변경할 필요가 있다.

나의 투자성향 분석

NO	진 단 설 문	100% 맞음 (3점)	어느정도 맞음 (2점)	틀림 (1점)
1	내가 가장 중요하게 생각하는 투자원칙은 "수익률"이다. 원금을 어느 정도 까먹어도 상관 없다.			
2	나는 주식에 투자하는 것이 예금하는 것보다 낫다고 생각한다.			
3	내가 향후 돈을 벌 수 있다면 현재 재테크를 하고 있지 못해도 크게 개의치 않는다.			
4	나는 최종적으로 돈을 더 벌 수 있는 기회, 즉, 높은 투자 수익을 얻을 수 있다면 일시적으로 이익을 볼 수도 손해를 볼 수도 있다는 사실을 받아들인다.			
5	나는 장기간에 걸쳐 최종적으로 높은 수익을 얻는다면 현재의 낮은 수익률을 감수할 수 있다.			
6	나는 돈을 언제든지 인출할 수 있는 상품이라면 수익률은 개의치 않는다.			
7	나는 수익률이 낮은 채권이나 안전한 금융기관의 예금보다는 위험성이 있더라도 높은 수익률의 상품을 선호한다.			

NO	진 단 설 문	100% 맞음 (3점)	어느정도 맞음 (2점)	틀림 (1점)
8	펀드매니저 등 전문가가 내 돈을 운용하고 그로 인해 높은 수익을 얻을 수 있다면 현재 수익이 낮더라도 기꺼이 일정금액을 투자할 의향이 있다.			
합 계			점	

※ 나의 투자성향 분석

구 분	유 형	진 단 내 용
8~12점	보수적 성향	당신은 아무리 높은 수익률이 기대되어도 주식에는 투자하지 않습니다. 안전한 은행의 국채, 기타 금융상품에만 투자합니다. 하지만 수익률을 높이기 위해서는 좀 더 공격적일 필요가 있습니다. 주식형 수익증권, 뮤추얼 펀드 등 주식형 상품에 적정 금액을 투자 하는 것도 필요합니다.
13~17점	중도적 성향	당신은 보수적인 성향보다는 좀 더 공격적이며 예금과 주식형 간접상품 등에 골고루 투자합니다. 재테크 포트폴리오 차원에서는 아주 합리적인 스타일입니다.
18~24점	공격적 성향	당신은 높은 수익률을 얻기 위해서라면 기꺼이 위험을 감수하는 성향입니다. 위험 감수 정도가 크므로 더 많은 투자금액을 확보한다거나 하는 것이 위험하다고 판단되며, 오히려 지나친 주식비중을 줄여야만 효과적인 분산투자가 가능합니다.

③ 자산배분 및 운용

재무목표를 정하고 투자성향 분석이 끝나면 이젠 실행에 옮겨야 한다. 자산관리의 실행단계를 '자산배분'이라고 하는데, 자산배분에는 전략적 자산배분과 전술적 자산배분이 있다. 전략적 자산배분이란 현재 보유하고 있는 자산을 현금, 채권(예금포함), 주식, 부동산의 4가지 전략적 투자수단으로 나누는 것을 말한다. 전술적 자산배분은 각각은 투자수단에 대해 구체적 금융기관과 금융상품을 선택하는 과정을 말한다. 먼저 전략적 자산배분에 대해 알아보자.

◉ 전략적 자산배분

전략적 자산배분에 들어가기 앞서 투자수단별 장단점에 대해 먼저 알아보자.

구 분	장 점	단 점
금 고	익명성	수익성 제로 도난 가능성
예금(채권)	안정성 및 편리성	수익률 낮음 이자소득 발생
부동산	높은 수익성(년 8% 이상) 자산가치 상승 기대	무더기 세금 폭탄 유지보수 비용 과다 현금화 어려움 상속시 불리
주 식	높은 수익성	손실 가능성 이자소득 발생
보 험	수익성, 유동성, 안정성 모두 보유 낮은 수수료 연금전환 가능 종합과세 회피	보험회사 사업비 부과

각각의 투자수단별로 장단점이 있으므로 자신의 재무목표와 투자성향에 맞게 포트폴리오를 구성하면 된다. 전략적 자산배분은 향후 10년 뒤 자산의 골격을 목표로 지금부터 서서히 변화시켜 나가는 것을 의미한다. 일반적으로 투자수단별로 기대할 수 있는 수익률의 크기는 다음과 같다.

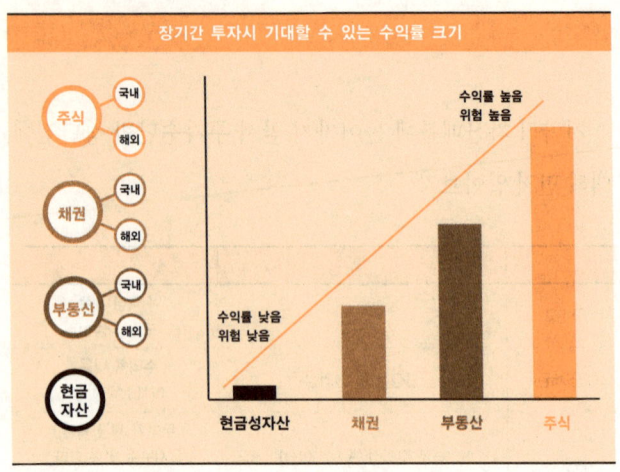

4가지 투자수단에서 먼저 짚고 넘어가야 할 부분이 바로 부동산이다. 참여 정부 이래 8.31 대책 등 각종 규제가 시행되면서 2007년 말 현재 부동산 시장은 상당히 침체되어 있다. 물론 앞으로 어떻게 변해 갈 것인지 '부동산 불패론' 과 '부동산 필패론' 이 첨예하게 대립하고 있지만 지금 시점에서 꼭 한 번 검토해야 하는 부분이 '자산구성비율' 이다.

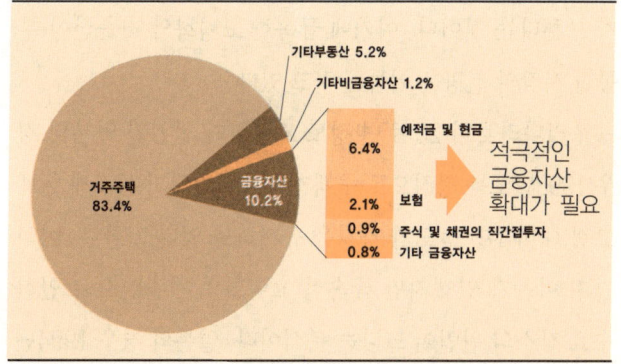

⟨ 표 : 대한민국 평균 자산구성 현황 ⟩

⟨2006년 기준 한, 미, 일 가계자산 구성 ⟩ (자료 : 미래에셋자산운용, BOK, BOJ, FRB)

구분	한국	미국	일본
금융자산	20.4%	60.0%	58.0%
부동산	76.8%	33.0%	42.0%

위의 표에서 알 수 있듯이 우리나라는 선진국인 미국과 일본 대비 지나치게 높은 부동산 비중을 보유하고 있다. 전 국민의 80%가 '집 한 칸 부자'인 상태에서 부동산 가격이 하락하면 어떤 일이 생기게 될까? 다른 나라와 비교할 것 없이 10년 전 IMF 사태를 떠올려 보면 된다. IMF의 금융위기가 왔을 때 실물자산을 보유한 사람들은 큰 타격을 입었고 금융자산을 많이 보유한 사람들은 오히려 큰 이득을 얻었다. 문제는 무역국가인 대한민국의 앞날은 무척 험난

할 것으로 예상되기 때문에 언제 또 IMF와 같은 사태가 올지 모른다는 것이다. 여기에 급속한 고령화와 저출산이 부동산 시장의 전망을 어둡게 하고 있다.

우리나라보다 20여 년 정도 고령화가 진전된 일본의 경우 1990년도를 정점으로 주택가격이 하락하기 시작해 현재 고점 대비 1/3 정도의 가격을 유지하고 있다고 한다. 여러 가지 이유가 있겠지만 급속한 고령화와 저출산으로 인한 수요 감소의 원인이 크다는 분석이다. 일본의 경우 1994년부터 부동산 시장에 고령화 충격이 시작되었는데 대한민국의 경우 인구구조상 2015년경에 일본과 유사한 충격이 예상된다. 따라서 앞으로의 부동산 시장은 '부익부 빈익빈'이 심화될 것으로 판단된다. 주택시장의 경우 이미 2002년에 보급률 100%를 넘어 섰다. 앞으로의 자산관리는 부동산보다는 금융자산을 확대하는 쪽으로 진행하는 것이 여러모로 유리할 것이다.

〈일본 6대 도시 지가동향〉 (자료 : 일본부동산연구소)

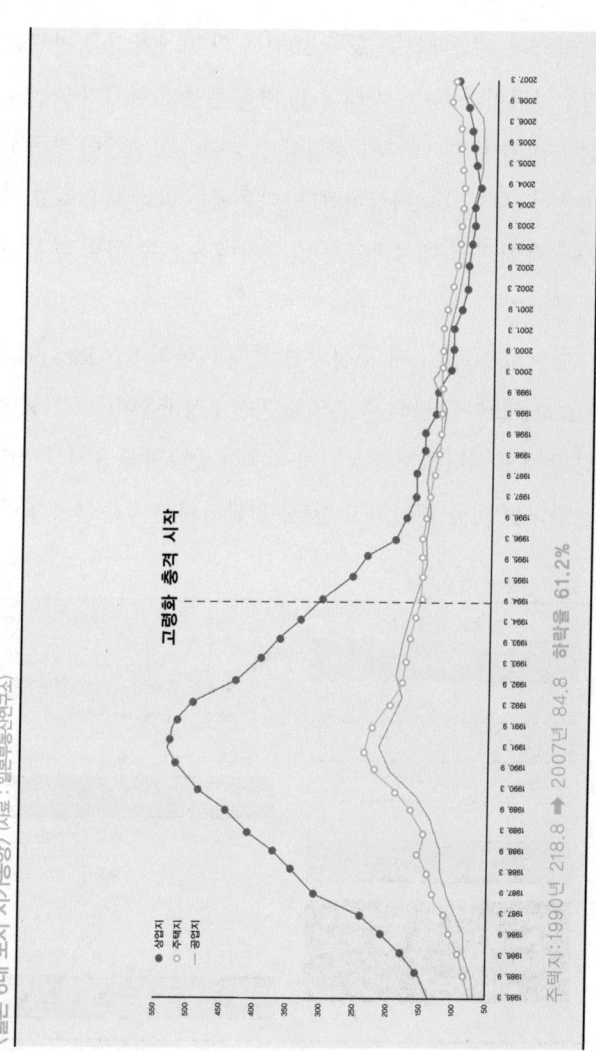

상업지
주택지
공업지

고령화 충격 시작

주택지 : 1990년 218.8 ➡ 2007년 84.8 하락율 61.2%

 전략적 자산배분은 향후 10년 후의 자산골격을 만드는
기초계획이다. 먼저 아래의 표 왼쪽 부분에 현재의 자산구
성을 적어 보자. 필자의 경험상 상당수의 고객들이 부동산
비중이 60~70% 이상이었다. 다음에는 현재 보유하고 있
는 금융자산을 재무목표를 감안하여 오른쪽 하단 부분에
적어 보자.

 참고로 10년 후의 구성비는 현재 미국의 FP(Financial
Planner)들이 추천해 주고 있는 자산구성비율이다. 만약 10
년 후에도 지나치게 부동산의 비율이 높다면 금융자산으로
전환하는 것을 제안하고 싶다. 지금까지는 부동산에 집중

〈 표 : 전략적 자산배분 〉

현재의 고객자산

자산의 종류	평가액	구성비
주식	만원	%
채권	만원	%
부동산	만원	%
현금자산	만원	%
합계	만원	%

주식 : 주식, 펀드, 파생상품, 변액보험
채권 : 예금, 적금, 채권, 공시이율연금
부동산 : 시가(부채 제외)
현금 : 6개월 생활비

어떻게 변화에 나갈 것 입니까?
→ 중장기 계획이 필요

10년 후 고객의 목표 자산배분

자산의 종류	평가액	구성비
주식	만원	30%
채권	만원	30%
부동산	만원	40%
현금자산	만원	1%
합계	만원	100%

투자하는 사모님 재테크가 성공했지만 앞으로는 금융 IQ가 높은 사람이 부자가 되는 시기가 오기 때문이다.

전략적 자산배분의 핵심은 선진국과 비슷하게 금융자산을 확대하자는 것이다. 금융자산은 주식, 현금, 예금 등으로의 전환이 자유롭기 때문에 부동산처럼 유동성에 제약을 받지 않는다. 또한 갑작스런 리스크에도 원활하게 대처할 수 있다. 아울러 향후 투자의 맥락은 '주식'이라는 게 전문가들의 공통된 견해다. 결론적으로 5060세대의 실버 자산관리 또한 부동산보다는 금융자산을 확대하고 나에게 맞는 재무목표를 전문가와 함께 꾸준히 실천에 옮기는 것이 점점 더 풍요로운 노후생활을 즐기는 비결이라고 요약할 수 있다.

◉ 전술적 자산배분

전술적 자산배분은 현금, 채권(예금 포함), 주식에 대해 각각의 금융상품을 선택하는 과정을 말한다. 현금은 보통 6개월 치의 생활비를 기준으로 유동성을 확보하는 것을 말하며, 예금 및 채권 또한 금융상품별로 수익성이 비슷하므로 어렵지 않게 선택할 수 있다. 문제는 주식인데 수천 가지의 펀드 중에서 어떤 상품을 선택하느냐가 중요하다. 우리나라 주식시장을 일컬어 '골 때리는 시장' 이라고 표현한다.
무역국가의 특성상 대외 변수에 따라 주식시장이 크게 출
렁거린다는 뜻인데 아래의 표가 이를 증명하고 있다. 골이
깊고 산이 높을수록 투자수익률은 크게 높아질 수 있다. 하
지만 반대로 시장을 잘못 읽으면 큰 손실을 입을 수도 있다.
이런 특징이 대한민국 주식시장이며 앞으로도 계속 이어질
것으로 예상된다. 따라서 주식에 대한 투자는 목돈 투자보
다 적립식 투자가 훨씬 유리하다고 판단되는데 적립식 투
자에 대한 자세한 내용은 다음 장 '은행보다 유리한 상품'
에서 설명할 예정이다.

〈 표 : 대한민국 주가 동향 〉

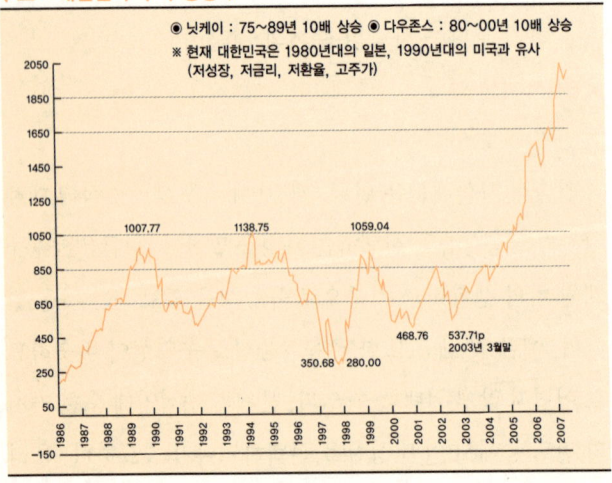

주가의 출렁거림이 큰 시장의 특성에 원활하게 대응하려면 주식 편입비율이 높은 펀드는 적립식으로, 편입비율이 낮은 펀드는 목돈으로 운용하는 것이 유리하다. 상하 변동폭이 30%인 주식의 특성상 편입비율이 높은 펀드에 목돈을 넣으면 주가를 쳐다보는 것 자체가 두렵기 때문이다.

필자가 앞 장에서 언급했듯이 앞으로 뜨는 주식들은 '사람을 사람답게 살 수 있도록 만들어 주고, 삶의 질을 올려주는 주식' 이 될 것이다. 대표적으로 환경, 바이오, 제약, 교육, 레저, 엔터테인먼트, 금융, IT 등인데 이런 주식들은 일반인이 판단하기 매우 힘들다. 특별한 원자재나 기계가 필요하기 보다는 사람의 두뇌와 기술이 중요한 업종이기 때문인데 그래서 앞으로는 전문가에 의한 간접 투자의 시대가 정착될 것으로 예상된다. 따라서 주식에 대한 직접 투자보다는 간접투자 상품인 펀드를 잘 고르는 것이 매우 중요한데, 펀드 또한 운용철학과 시스템, 펀드 매니저 등 고르기가 여간 복잡한 게 아니다.

이 부분 또한 재무전문가의 도움을 받아 고르길 추천하며 자산관리의 최종 결정은 스스로가 내리는 것이므로 금융자산 포트폴리오 구성방법에 대해서만 언급하고자 한다.

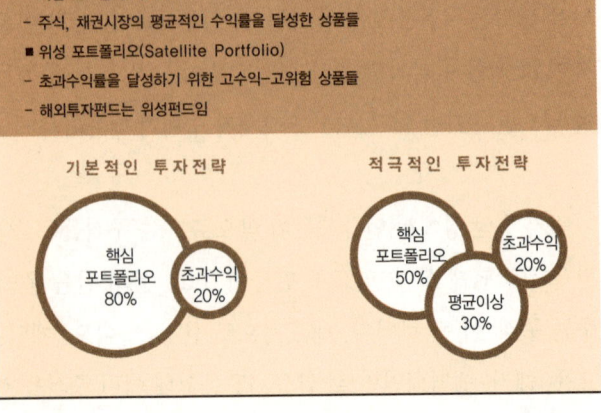

〈 표 : 금융상품 포트폴리오 구성방법 〉

★ 연금, 펀드상품의 포트폴리오 구성방법
■ 핵심 포트폴리오(Core Portfolio)
- 주식, 채권시장의 평균적인 수익률을 달성한 상품들
■ 위성 포트폴리오(Satellite Portfolio)
- 초과수익률을 달성하기 위한 고수익-고위험 상품들
- 해외투자펀드는 위성펀드임

기본적인 투자전략

핵심 포트폴리오 80%
초과수익 20%

적극적인 투자전략

핵심 포트폴리오 50%
평균이상 30%
초과수익 20%

주식시장의 표준수익률을 벤치마크 수익률이라고 한다. 벤치마크 수익률을 달성할 수 있는 금융상품을 핵심 포트폴리오라고 하는데 대표적으로 인덱스 펀드가 여기 해당되고, 설정액이 1조 원 이상인 대형 펀드와 보험회사 연금 펀드도 포함된다. 벤치마크 수익률 이상을 기대할 수 있는 중소형 펀드를 위성 포트폴리오라고 하며 대다수 펀드들이 여기에 속한다.

전술적 자산배분은 주식의 포트폴리오를 구성할 때 자신

의 투자성향에 따라 일반적 투자전략과 공격적 투자전략을
결정하고 그 비율에 따라 금융상품을 편입시키는 것으로
정리할 수 있다. 세부 금융상품은 경제상황과 금융환경에
따라 수시로 바뀌게 마련이므로 전문가와 함께 상의해서
결정하면 된다.

④ 주기적인 사후관리

실버 자산관리의 마지막 단계이자 가장 중요한 부분이
바로 주기적인 사후관리이다. '작심삼일' 이라는 격언처럼
시작은 거창하게 잘 했는데 사후관리가 부실하면 도로아미
타불이 될 수 있다. 특히 대한민국은 앞으로의 경제전망이
불투명하므로 주기적인 관리가 꼭 필요하다.

사후관리에는 '자산 재조정' 과 '자산 재배분' 이 있다. 자
산 재조정은 현금과 채권(예금 포함), 주식의 비중을 6개월
단위로 조정하는 것을 말하고, 자산 재배분은 금리상황과
주식시장의 변화에 따라 자산 배분 비율 자체를 조정하는
것을 말한다.

예를 들어 현금 10%, 채권 40%, 주식 50%의 자산배분
으로 시작했는데, 6개월 후 주식이 올라서 비율이 현금

8%, 채권 32%, 주식 60%가 되었다고 가정하면 다시 원래의 비율에 맞게 주식을 처분해서 현금 10%, 채권 40%, 주식 50%로 조정하는 것을 '자산 재조정'이라고 한다. 만약 주식이 하락했을 경우는 반대로 현금과 채권을 처분해서 주식에 넣으면 된다. 이런 과정이 필요한 이유는 출렁거림이 심한 주식(펀드)에 대해 지속적으로 일정 비율의 자산만 편입시킴으로 해서 적립식으로 투자하는 것과 비슷한 복리 효과를 높일 수 있기 때문이다. 즉, 주식이 좋을 때는 빼서 현금화하고 주식이 나쁠 때는 오히려 투입을 많이 함으로써 주가가 쌀 때 많이 사서 평균매입비용을 감소시키는 효과(Cost Averaging)를 얻을 수 있다. 보통 6개월 단위로 진행하는 것이 좋고 장기적으로 꾸준히 '자산 재조정'을 해나가면 벤치마크 이상의 수익률을 올릴 수 있다.

이런 식으로 자산 재조정을 진행하다 보면 큰 폭의 출렁거림을 만나게 된다. 대표적으로 경기 하강기에 주가가 많이 하락하게 되는데, 불경기가 올 것으로 판단되면 주식 비중을 줄일 필요가 있다. 주가가 하락하면 상대적으로 채권금리는 올라가기 마련이므로 주식을 줄이고 현금과 채권을 늘리는 것이 더 유리하다. 이렇게 금융자산 비율 자체를 바꾸는 것을 '자산 재배분'이라고 한다. 보통 경기변동에 따라 3~5년을 주기로 진행하면 된다.

　자산관리는 시작보다 사후관리가 중요하므로 꾸준히 '자산 재조정'과 '자산 재배분'을 진행해야 한다. 그런데 자고 일어나면 바뀌는 게 금융환경이다. 즉, 하루 종일 세계경제와 증시전망만 쳐다 볼 수 없으므로 내 자산관리를 도와 줄 전문가를 찾아야 한다. 조금만 노력하면 찾아 낼 수 있으므로 전문가와 함께 재무목표를 정하고, 투자성향을 분석한 후 자산배분과 사후관리를 하면 된다.

　시작하면 최소 10년에서 20년 이상 진행해야 하므로 작은 출렁거림에 흔들리지 말고 꾸준히 밀고 나가는 것이 중요하다.

5. 실버 자산배분 사례

실버 자산관리는 자산의 많고 적음을 떠나 누구에게나 필요한 프로그램이지만 그래도 어느 정도 자산을 보유하고 있어야 본격적인 컨설팅이 가능하다.

아래의 사례는 금융자산을 20억 원 정도 보유한 분에게 제안한 내용인데, 이 고객의 경우 세금우대 상품을 비롯해 수십 가지의 금융상품에 분산 투자하고 있었다. 금융자산의 상당액을 예금과 MMF 위주로 운용하다보니 주식시장의 상승에 대해 상대적 박탈감을 느끼고 있었고, 상품이 너무 많아 어떻게 하고 있는지 조차도 정리가 되어 있지 않았다. 여기에 주식 투자에 대한 막연한 두려움도 갖고 있는 상태였다.

필자의 경험상 금융자산 10억 원 미만의 경우는 20가지 내외, 20억 원에서 30억 원 정도는 15가지 내외가 적정하다고 판단된다. 금융자산이 작을수록 세금우대 및 절세 같은 세심한 관리가 중요하나 금융자산이 많아질수록 큰 틀 안에서 핵심 상품 위주로 운용하는 것이 더 효과적이기 때문이다.

〈 홍길동 님 전략적 자산배분 제안 〉

구분	공격적 운용	일반적 운용
자산운용 방향	– 은행 : 10% (유동성) – 증권 : 50% (수동성) – 보험 : 40% (안정성 및 노후)	– 은행 : 20% – 증권 : 30% – 보험 : 50%

자산운용 제안	– CMA 및 MMF : 2억 원
	  (금융소득 종합과세 감안)
	– 증권은 주식형과 주식혼합형
	  50 : 50 투자
	– 보험은 변액연금과 변액 유니버셜에
	  적립식 투자 및 일시납
	  변액연금 투자 (5년 후 연금 전환)
		– CMA 및 MMF : 4억 원
		  (상시 유동선확보 및
		  투자자금 확보)
		– 증권과 보험은 좌동

자산운용 내용	– 증권 및 보험은 거치식과 적립식을 50 : 50으로 투자 – 금융상황 급변 시 증권은 환매하여 현금화하고 보험은 펀드변경을 통해 안전자산 (채권형) 으로 운용 – 반기 1회 자산운용 미팅 필요 (성과 분석 및 향후 방향 모색)	

〈 홍길동 님 전술적 자산배분 제안 〉

구분	공격적 운용	일반적 운용
은행	❶ CMA 및 MMF : 2억 원	❶ CMA 및 MMF : 4억 원

증권	❷ 8억 원을 주식혼합펀드에 투자
	  (○○투신 및 ○○증권)
	❸ 6억 원을 매월 1천만 원씩
	  주식펀드에 적립식 투자
	  (○○투신 및 ○○증권, ○○자산운용)
		❷ 4억 원을 주식혼합펀드에 투자
		
		❸ 4억 원을 매월 700만 원씩
		  주식펀드에 적립식 투자

보험	❹ 3억 원을 변액연금 일시납에 투자
	  (○○생명 및 ○○생명)
	❺ 3억 원을 매월 5백만 원씩
	  변액연금 및 VUL에 적립식 투자
	  (○○생명, ○○보험, ○○생명)
		❹ 4억 원을 변액연금 일시납에 투자
		
		❺ 6억 원을 매월 1천만 원씩
		  변액연금 및 VUL에 적립식 투자

● **홍길동 님 자산관리 전후 자산증가 추이 (해당 금융상품의 수익률 적용)**

① 자산관리 이전

(단위 : 만원)

구분	현재	5년 후	10년 후	15년 후	20년 후
부동산					
채권					
주식					
합계					

※ 부동산은 변동성을 감안하여 자산증가 대상에서 배제
※ 예금은 年 수익률 5%, 펀드 및 변액보험은 年 수익률 10% 가정

② 자산관리 이후

(단위 : 만원)

구분	현재	5년 후	10년 후	15년 후	20년 후
부동산					
채권					
주식					
합계					

　　실버 자산관리는 앞으로의 그림을 그려 주는 프로그램이다. 해당 고객의 투자성향과 눈높이에 맞게 금융계산기를 활용해 예상되는 그림을 만들어 볼 수 있다. 필자는 지금도 이런 그래프를 만들 때마다 10년 후, 20년 후에 그 고객의 환하게 웃는 모습을 상상해 보곤 한다. 노후기 인생의 희망과 기쁨을 늘려 주는 것이 진정한 실버 자산관리의 의미가 아닐까.

● 실버 자산관리 단원을 정리하며…

지금까지 실버 자산관리의 컨셉과 향후 투자환경 전망, 자산관리 고려사항 및 Process에 대해 알아보았다. 사실 자산관리라는 용어 자체가 아직은 생소한 것이 현실이지만 조만간 일반화 될 것으로 전망된다.

마지막으로 자산관리가 필요한 고객들의 현 상황을 정리해 보자. 대한민국 5060 실버 세대의 경우 첫째, 자식과의 전근대적 사고방식 속에서(자녀교육에 올인) 부동산 중심의 자산관리를 중시하고 있으며, 둘째, 자극적인 단기 재테크에 치중(세계 초단기 주식투자 민족)하는 경향이 깊다. 셋째, 전문가를 불신하며 주위 사람이나 언론의 조언을 듣고 있으며, 넷째, 장기적인 투자설계 방안을 수립하지 못하고 있어 저금리, 고령화 시대의 위험에 취약하게 노출되어 있다고 판단된다.

따라서 성공적인 자산관리를 위한 제언으로는
첫째, 시장변화에 민감하게 반응하면서 단기로 움직이면 자산관리에 실패하기 쉽다는 점과,

둘째, 성공적인 투자란 10년 후의 자산골격을 세우는 것
이므로

● 투자목표를 명확하게 설정

● 일정한 원칙이나 전략에 따라 분산투자

● 신중하게 장기간 분산 투자

● 투자목표의 수정, 투자상품의 변경을 연간단위로
  결정하고,

셋째, 성공적인 투자자의 마인드를 가져야 한다.

● 투자원칙을 잘 이해하고 일관성 있게 투자행태를
  유지

● 단기적인 가격 하락에 용기있게 견디는 마음자세
  필요

마지막으로 성공적인 자산관리란 성공적인 계획 못지않
게 지속적인 사후관리가 중요하므로 믿을 만한 전문가와
함께 진행해야 한다. 지금은 부동산을 많이 보유한 사람이
부자 소리를 듣지만 앞으로 20년 후 대한민국 부자는 전 세
계 선진국과 마찬가지로 금융자산 보유자가 될 것으로 확
신한다.

3장
실버 자산관리
10대 포인트

1. 행복한 노후! 이렇게 준비하세요

2. 평생 돈 걱정 안 하는 비결을 소개합니다

3. 세금을 줄이는 재테크가 필요합니다

4. 은행보다 유리한 상품을 활용해 보세요

5. 인생을 바꾸어 놓을 백만장자 프로젝트를 소개합니다

6. 나만의 평생금고 만드는 방법을 소개합니다

7. 자녀에게 경제적 독립을 선언해 보세요

8. 부동산 월세보다 더 좋은 월세를 받아 보세요

9. 목돈으로 위험도 높은 주식에 안전하게 투자하는 방법을 소개합니다

10. 건강하고 편안한 노후! 실버타운을 추천합니다

3장
실버 자산관리 10대 포인트

자산관리는 큰 틀 안에서 입체적인 계획을 세우는 것을 말한다. 사실 어느 정도 금융자산이 있어야 본격적으로 가능한데, 이번 장에서는 금융자산의 많고 적음과 상관없이 꼭 체크해야 하는 10대 포인트에 알아보고자 한다. S대 출신의 경영학 박사도 주식투자에 성공하기 힘든 것처럼 실버 자산관리도 많이 아는 것보다 한 가지라도 제대로 하면 절반의 성공은 거둘 수 있기 때문이다.

1. 행복한 노후! 이렇게 준비하세요

사람들은 누구나 행복한 노후를 꿈꾼다. 그렇다면 구체적으로 '행복한 노후'란 어떤 모습일까? 경제적인 풍요, 각종 여가생활, 지인들과의 폭 넓은 인간관계, 배우자와의 해외여행 등등. 여러 가지 모습들이 상상되지만 필자가 말하고 싶은 행복은 '마음'에 있다고 생각한다. 마음이 편해야 행복이 행복처럼 느껴지는 게 사람이다. 아무리 주변 여건이 좋더라도 마음이 불편하면 행복감을 느끼기 어렵다. 그래서 행복하게 노후생활을 즐기려면 마음의 불안과 고민을 덜어 내는 것이 필요하다.

5060 실버세대의 가장 큰 고민은 무엇일까? 수많은 상담경험을 정리해 보면 크게 두 가지로 나눌 수 있다. 첫째는 '내가 쓰러져서 내 자식이 대소변을 받아 낼지 모른다는 두려움'과 둘째는 '자식도 형편이 어려운데 매월 내 생활비를 얻어 써야 할 지 모르는 두려움'의 두 가지였다. 다른 고민들은 이 두 가지 고민에 비하면 조족지혈에 불과할 정도로 큰 고민거리다.

특히 첫 번째 고민은 나이가 들어갈수록 누구나 공포심을 갖게 만든다. 평균수명이 점점 길어지면서 사망트렌드가 변화하고 있기 때문이다. 예전에는 지금처럼 오래 살지도 못했고 의료수준이 빈약하다 보니 각종 질병에 노출되면 오래 버티지 못하고 사망했다. 하지만 최근 들어서는 의학기술의 발달에 힘입어 웬만한 병은 치료가 가능하다. 또한 각종 환경문제 및 스트레스 등으로 인해 고혈압, 당뇨, 치매, 뇌졸중 등 치명적인 성인질환의 비율이 높아지면서 한방병원이나 각종 요양시설에 자리가 부족할 정도이다.

얼마 전 필자의 고객에게 실제로 발생한 사례이다. 어머니가 뇌졸중으로 쓰러져서 한방병원에 모시고 갔더니 치료가 힘들다며 요양시설로 옮기라는 처방을 받게 되었다. 한참 자녀를 키우고 있는 상태에서 집 안에 모시기는 힘들어 가족회의 끝에 요양시설로 옮기게 되었다. 참고로 요양비용은 한 달 내내 간병인을 쓰면 월 300만 원, 주중에 간병인을 쓰고 주말에 가족이 돌보면 200만 원, 월, 수, 금 정도 간병인을 쓰면 약 100만 원 정도 소요된다. 그 고객은 형제가 3명이었는데 의논 끝에 각자 70만 원씩 내서 주중에 간병인을 쓰고 주말에는 돌아가며 어머니를 돌보기로 했다. 그런데 한 달쯤 지난 시점에서 다시 가족회의를 열어 바꾸기로 했다. 100만 원짜리로 바꿨을까 아니면 300만 원짜리로 바꿨을까.

형제들 각자 형편이 어렵긴 하지만 300만 원짜리로 바꾸기로 했다고 한다. 주말에 가족들이 어머니를 돌보는데 대소변을 받아 내는 것은 차지하고서라도 그르릉 소리를 내는 어머니와 함께 밤을 보내는 것이 무척 고통스러웠기 때문이다. 아들, 딸도 힘든데 사위, 며느리가 과연 할 수 있을까. 경제적 고통 보다 정신적 스트레스가 더 힘든 법이다.

지금 이 글을 읽는 독자도 주변을 돌아보면 나이 들어 쓰러진 어르신들이 있을 텐데 남의 일이 아닌 것이다. 자녀들도 각자 먹고 살기 어려운데 나에게 그런 일이 생긴다면 집안 전체가 힘들어 진다. 따라서 건강할 때 미리 준비해야 한다. 필자가 추천하고 싶은 것은 '간병보험'에 가입하는 것이다. 간병보험은 이런 리스크가 발생했을 때 10년에서 20년 정도 매월 간병비를 지급해 준다. 의학기술이 빠르게 발달하면서 점점 쉽게 죽기 힘들어진다. 어느 의사의 추산에 따르면 우리나라 사람들의 1/3 정도는 인생의 마지막 몇 년간 호흡기를 매달고 살아야 한다고 한다.

만약 나에게 이런 일이 생겨도 매월 간병비가 나온다면 자녀들에게 경제적 부담은 주지 않을 것이다. 아울러 한 발 더 나가 생각해 보면 간병보험을 가입하고 있다는 심리적 안정감을 통해 오히려 이런 리스크가 생기지 않을 수도 있다. 이른바 '예방효과' 도 같이 얻을 수 있기 때문에 한 살이라도 젊을 때 미리 준비하는 것을 추천해 주고 싶다.

간병보험과 더불어 또 한 가지 추천할 만한 상품으로 '변액유니버셜종신보험' 이 있다. 이런 종류의 변액 보장성보험은 저축보험료가 펀드(주식 30%, 채권 70%)에 투자되므로 장기적 주가 상승에 따른 투자수익을 기대할 수 있으며, 2007년 현재 일반 보험의 예정이율 대비 두, 세배 정도의 수익률을 기록하고 있다. 평균수명이 점점 늘어나면서 요양비를 써야 되는 기간도 같이 늘어나고 있는데, 변액유니버셜종신보험은 감액이나 중도인출이 가능하기 때문에 노후자금 및 요양자금으로 활용할 수 있고, 장기적 주가상승의 효과를 얻을 수 있어 5060세대의 필수품으로 생각하고 준비하는 것이 필요하다. 보험에도 명품이 있다면 변액유니버셜종신보험이 바로 '명품보험' 이 아닐까.

'쓰러지는 두려움' 에 이어 가장 큰 고민이 바로 '얻어 쓰는 두려움'이다. 필자가 만난 5060세대의 상당수가 자녀교육비와 생활비로 소득의 대부분을 다 써버리고 있었고, 노후준비를 제대로 하고 있는 분들은 소수에 불과했다. 물론 현재 5060세대는 국민연금의 혜택을 가장 크게 받을 수 있다. 하지만 국민연금은 최저 생계보장에 의미를 두고 있기 때문에 푼돈 정도 밖에 안 된다. 없는 것보다는 낫겠지만 '행복한 노후'에는 별로 도움이 되지 않는다는 뜻이다.

따라서 자녀들에게 부담을 주지 않고 행복한 노후를 즐기려면 별도의 비활성 소득을 준비해야 한다. 비활성 소득이란 일을 하지 않아도 매월 나오는 이자, 임대, 연금소득을 말하는데, 이 중에서 필자가 권해 주고 싶은 것은 '연금소득'을 확대하자는 것이다. 사람은 나이가 들어갈수록 판단력과 기억력이 감퇴하기 때문에 금융자산이나 부동산을 관리하기 어려워진다. 이 달에 다 써도 다음 달에 또 나오고, 평생 지급받을 수 있는 연금이 최고라고 생각한다. 필자의 지인 중에 100억 원대 자산을 보유한 분이 있는데 이 분은 매월 연금이 나오는 날 별장으로 지인들을 초청해서 바베큐 파티를 벌인다. 연금이 나와서 한 잔 쏜다는 의미인데, 이 분의 말 한 마디.

"매월 연금을 받는 재미가 쏠쏠합니다. 연금 나오는 날이 기다려 지구요, 인생이 즐겁습니다."

부자들도 포트폴리오에 연금을 편입시키고 있는데 일반인들은 두말할 나위 없이 지금부터라도 준비해야 한다.

노후준비에는 여러 가지가 있지만 필자가 보기엔 '연금'이 가장 좋다고 생각된다. 임대소득이나 이자소득 등 노후기에 매월 지급받을 수 있는 소득들이 있지만 인생은 결코 내 생각대로, 내 계획대로 흘러가는 것이 아니기 때문에 한 번 개시하면 평생 죽을 때까지 주는 연금소득이 가장 좋다.

눈에 보이는 재산은 여러 가지 이유로(자녀, 사모펀드, 주식, 다단계, 대출사기 등등) 훅 하고 불면 언제 날아가 버릴지 모르기 때문이다. 연금소득의 장점에 대해서는 '나만의 평생금고 만드는 방법'에서 자세히 소개할 예정이다. 다만 강조하고 싶은 점은 연금소득은 준비하는데 최소 10년이 걸린다는 것이다. 비과세혜택과 연금수령시기 때문인데 한 살이라고 젊을 때 준비하는 것이 필요하고, 준비기간이 길수록 복리효과로 인해 연금수령액이 많아지므로 자산관리 포트폴리오에 처음부터 편입시키는 것이 매우 중요하다.

5060세대의 시각으로 보면 노후가 코앞에 와 있지만 아직도 시간은 충분하다. 연금은 최소 10년의 준비기간이 필요하지만, 90세, 100세까지 살게 될 가능성이 높기 때문에 지금부터라도 준비해야 한다. 어차피 시간은 금세 지나가기 마련이므로 10년 정도만 착실히 준비한다면 자녀에게 경제적 부담을 주지 않고 편안한 노후를 보낼 수 있다.

연금 상품에도 여러 가지가 있지만 장기적 주가 상승에 공감한다면 주식 50%, 채권 50%에 투자되는 변액연금이나 변액유니버셜보험을 추천해 주고 싶다. 주가하락기의 관리를 잘 받는다면 공시이율형 연금보다 훨씬 유리하기 때문이다.

이상으로 본격적인 자산관리에 앞서 반드시 준비해야 하는 '보장자산' 과 '연금자산' 에 대해 알아보았다. 재테크나 자산관리의 요체는 '돈에 대한 스트레스로부터 벗어나고 부자가 되는 방법' 이지만 '돌다리도 두들겨 보고 건너가라' 는 속담처럼 노후기의 2대 리스크부터 먼저 해결하는 것이 현명한 투자라고 강조하고 싶다. 내 인생이 앞으로 어떻게 펼쳐질 지는 아무도 모르기 때문이다.

이 책의 서두에 말한 것처럼 실버 자산관리의 본질은 미

3장 실비 자산관리 10대 포인트

래를 나쁘게 예상하고 준비하는 것이다. 나쁘게 예상했는데 좋게 되면 정말 좋은 것이고, 만약 나쁘게 되더라도 미리 준비하고 있었기 때문에 대처할 수 있기 때문이다. 따라서 자산관리의 가장 기본은 '리스크 관리' 라고 할 수 있는데 노후생활의 가장 큰 불안요소인 두 가지를 먼저 준비하고, 그 다음에 자산관리를 시작하는 것이 순서다. '행복한 노후' 는 돈도 필요하지만 '마음의 평화' 가 우선임을 잊지 말자.

2. 평생 돈 걱정 안 하는 비결을 소개합니다

사람은 누구나 부자가 되길 꿈꾼다. 대한민국에는 현재 5%의 부자와 95%의 일반인이 있는데 누구나 부자가 되길 원하지만 일반인이 부자가 되긴 거의 불가능하다. 대한민국에서 부자 소릴 들으려면 부동산 20억 원, 금융자산 10억 원 합쳐서 30억 원 이상을 갖고 있어야 한다. 2040세대는 시간적 여유가 있으므로 부자가 될 목표라도 세울 수 있지만 5060세대는 근로여력이 많이 남아 있지 않기 때문에 현실적으로 매우 어렵다.

하지만 필자가 생각하는 부자의 기준으로 보면 5060세대도 조금만 노력하면 얼마든지 부자의 반열에 오를 수 있다. 필자가 보는 부자의 기준은 매월 발생되는 비활성소득이 내 생활비를 초월하는 수준을 말한다. 즉, 월 생활비가 200만 원 정도 드는데 임대, 이자, 연금소득을 합쳐 매월 200만 원 이상만 들어오면 굳이 돈에 대해 걱정하지 않아도 되므로 마음이 편안한 부자로 살 수 있다는 뜻이다. 단, 국민연금은 금액이 크지 않으므로 용돈 정도로 생각하고 배제해야 한다. 임대, 이자, 연금소득을 합쳐 내 생활비 이상으로 나올 수 있도록 시스템을 갖춘다면 '30억 원 이상의 부자' 소리는 듣지 못하더라도 '돈 때문에 걱정하지 않는 부자' 소리는 들을 수 있다. 이 정도 시스템에 갑작스런 질병과 사고를 보장할 수 있는 보장자산만 갖추고 있으면 평생 돈 걱정 할 필요가 없는 것이다.

그러면 각각의 비활성소득에 대해 알아보자.

첫째, 임대소득은 보통 연 8% 이상의 수익이 나면 투자성이 있다고 판단한다. 예를 들어 1억 원짜리 상가에 투자했다면 '1억 원× 8% = 800만 원 ÷ 12 = 67만 원', 매월 67만 원정도 임대소득이 들어오면 성공적인 투자라는 뜻이다. 임대소득은 아파트나 오피스텔 같은 주거용 부동산보다는 상가나 건물 같은 상업용 부동산이 더 좋다. 임대소득은 매월 발생되는 임대료 이외에 점진적인 자산 가치의 상승을 기대할 수 있어 노후를 준비하는 분들에게 인기가 높다. 다만 주의할 점은 부동산 투자는 얼마나 발품을 파느냐에 따라 결과가 결정되므로 신문광고나 기획부동산의 말만 믿고 투자하는 것은 절대 금물이라는 것이다. 필자의 주변에도 상가나 오피스텔에 잘못 투자해서 두고두고 후회하는 경우가 많다. 노후는 향후 수십 년을 준비하는 것인 만큼 혼자 결정하기 어렵다면 수수료가 들더라도 전문가의 도움을 받는 것이 좋다.

둘째, 이자소득은 2008년 현재 연 5% 정도를 받을 수 있다. 1억 원을 은행에 넣어 두면 세후 약 30~40만 원 정도를 매월 받을 수 있는데, 원금이 그대로 보존되면서 매월 이자를 받을 수 있기 때문에 각종 세금이나 유지보수비용, 현금화의 어려움 등 골치 아픈 임대소득 대비 장점이 있다. 하지만 이자소득은 금리에 따라 결정되므로 인플레이션 이상으로 금리가 유지되면 도움이 되나 그렇지 못할 경우는 만족감이 떨어질 수 있다. 아울러 목돈이 은행권에 담겨 있으면 여러 가지 이유로 꼭 쓸 일이 생기는 것이 인생이다. 그래서 단기적으로는 도움이 되나 수십 년을 생각해 보면 노후기에 평생 쓰기에는 부족한 면이 있다고 생각된다.

셋째, 연금소득은 이자소득과 마찬가지로 2008년 현재 약 5%대의 공시이율로 지급받을 수 있다. 연금 상품에는 퇴직금 같은 목돈을 일시에 예치하고 이자소득처럼 매월 지급받는 상품(바로연금)도 있으나 이자소득 대비 그렇게 많지 않으므로 보통 10년 정도의 준비기간을 거쳐 받는 것

3 장 실 버 자 산 관 리 1 0 대 포 인 트

이 유리하다. 연금은 원금과 이자가 동시에 지급되는 구조
라서 이자소득 대비 훨씬 많은 금액을 수령할 수 있고, 최소
20년 동안 지급이 보장되는 점과 부부형 연금의 경우 배우
자의 평생까지 지급되는 장점이 있어 노후준비에 가장 적
합한 상품이라고 할 수 있다.

필자가 생각하는 '평생 돈 걱정 안 하는 비결'은 생활비
이상의 비활성 소득을 준비하는 것이다. 임대, 이자, 연금
소득을 각각 1/3 정도로 해서 내 생활비 이상으로 나오게
하면 된다. 각자의 투자성향에 맞게 비율은 조정하면 되나
언제까지 필요할 지는 아무도 모르므로 평생 지급되는 연
금소득의 비중을 좀 더 늘려서 준비하면 편안하게 노후기
를 보낼 수 있다. 여기에 매월 나오는 국민연금을 용돈으로
생각한다면 가끔씩 해외여행도 즐길 수 있고, 각종 레저나
여가생활도 얼마든지 즐길 수 있다. '30억 원 이상의 부자'
가 되기 힘들다면 '돈 걱정 없는 마음이 편안한 부자'가 되
는 준비를 이 책을 읽는 지금 이 순간부터 시작해 보는 것이
어떨까.

3. 세금을 줄이는 재테크가 필요합니다

최근 들어 금리가 소폭 상승했지만 아직도 은행권의 금리수준은 1년 만기 정기예금 기준으로 평균 4~5% 정도를 유지하고 있다. 이 정도 수준의 금리는 인플레이션을 감안하면 오히려 실질화폐가치가 줄어드는 일이 생기게 되는데, 여기에 이자소득세 15.4%를 공제하면 저축이나 예금에 대한 메리트는 더욱 떨어지게 된다. 실버세대의 경우 투자손실을 회복할 시간적 여유가 없기 때문에 나이가 들수록 수익성보다는 안정성을 선호하기 마련인데 저금리 시대에서는 수익성이 워낙 낮기 때문에 세테크에 그만큼 더 신경 쓸 필요가 있다. 이자가 100만 원이면 15만4천 원을 세금으로 내면 되지만 이자가 1억 원이면 무려 1천5백40만 원의 세금을 내야 하는 것이다. 그래서 부자들은 투자수익도 중요하지만 세금을 줄이는데 더 많은 신경을 쓰고 있다.

2008년 현재 세금을 줄일 수 있는 상품으로는 세금우대저축과 저율과세상품, 비과세상품 등이 있다. 세금우대저축은 각 금융기관을 통 털어 성인은 2천만 원까지, 미성년자는 1천5백만 원까지, 그리고 노인(남자 만 60세 이상, 여자 만 55세 이상)과 장애인, 국가유공자는 6천만 원까지 가입할 수 있으며 이자 소득세는 9.5%이다. 이외에 농·수협 단위조합, 신용협동조합, 새마을금고 예탁금은 저율과세상품으로 농특세 1.4%만 과세한다. 가입금액은 1인당 2천만 원까지이며 유의할 점은 예금자보호 한도가 5천만 원이기 때문에 해당 금융기관의 신뢰도를 꼭 점검해 보아야 한다는 것이다.

〈 표 : 세금에 따른 저축의 분류 〉

구분	일반과세	세금우대 종합저축	세금우대 예탁금	비과세 생계형 저축
대상	일반인 가입가능	일반인 가입가능	일반인 가입가능	만 60세 이상 노인, 장애인, 생계곤란자
한도액	한도 없음	일반인 : 2,000만 원 노인, 장애인 : 6,000만 원 미성년자 : 1,500만 원	2,000만 원	3,000만 원
취급 기관	모든 금융기관	모든 금융기관	자신이 출자금을 내고 가입한 조합	모든 금융기관
세율	소득세 14% 주민세 1.4%	소득세 9% 농어촌특별세 0.5%	농어촌특별세 1.4%	비과세

마지막으로 비과세상품은 2006년 8월부터 한도가 확대된 생계형 비과세저축이 있다. 이 상품은 만 60세 이상 노인과 장애인, 국가유공자, 소년소녀가장 등이 가입할 수 있으며 1인당 3천만 원까지 전액 비과세된다.

따라서 수익성 면에서 가장 유리하다고 할 수 있으며, 무주택자의 경우 장기주택마련저축도 비과세혜택을 볼 수 있다.

지금까지 설명한 내용을 정리하면 세금을 줄이기 위해서는 가장 먼저 생계형 비과세저축을 가입하고 그 다음으로는 저율과세상품을, 그리고 마지막으로 세금우대저축 순으로 가입하는 것이 가장 유리하다. 하지만 지금까지 언급한 상품들은 대부분 수익성이 낮기 때문에 비과세상품과 저율과세상품을 제외하고는 그 효과가 미미하다고 할 수 있다. 따라서 수익성을 높이기 위해서는 주식과 채권에 대한 투자가 필수적인데 안정적인 적립식 펀드를 통해 과세 이연 효과를 가져가는 것을 검토해 볼 필요가 있다.

과세 이연효과란 단기 상품의 만기 시에 발생하는 세금을 계속 재투자함으로써 중장기로 운용한 후 세금을 한꺼번에 내는 것을 말한다. 즉, 1년 단위로 세금을 낼 것을 5년 후에 한꺼번에 내면 비록 세금이 많아지지만 그만큼 수익도 많아지기 때문에 더 유리하다는 뜻이다. 요즘에는 적립식펀드에 투자하는 상품도 많고 보험회사 연금의 경우 10년이 경과하면 전액 비과세혜택이 있기 때문에 수익성과

세테크를 동시에 가져갈 수도 있다. 여기에 주가하락에 대비한 펀드변경 기능과 여유자금의 추가납입, 필요자금의 중도인출(중도인출 시 비과세) 등이 가능하기 때문에 실버세대에게 많은 인기를 얻고 있다.

4. 은행보다 유리한 상품을 활용해 보세요

앞 장에서 언급한 것처럼 최근 들어 금리가 소폭 상승했지만 연 5%대의 금리는 물가 상승을 생각하면 은행에 돈을 넣어 두는 것이 오히려 실질가치가 떨어지는 '금리의 역전효과'를 불러일으키게 된다. 즉, 이자가 작다 보니 내 돈의 가치가 줄어들게 된다는 뜻인데, 그래서 얼마 전에 불티나게 팔렸던 책의 제목이 '부자가 되려면 은행을 떠나라'였다고 한다.

그렇다면 물가 상승률 이상의 수익을 안정적으로 얻으려면 어떻게 하는 것이 좋을까?

요즘 은행에 가서 저축이나 예금을 하려면 창구의 직원들이 한결 같이 주식형 펀드를 권해주는데, 이 말은 은행 직원들 스스로도 수익률이 낮다는 것을 인정하고 있다는 뜻이기도 하다. 하지만 주식의 경우 주가가 오르면 수익률이 좋지만 반대로 주가가 떨어지면 손해를 볼 가능성이 있다. 그래서 실버세대의 경우는 만약 손해가 나면 회복할 시간적 여유가 없다 보니 때문에 선뜻 가입하기 망설여지게 된다. 이런 주식형 펀드의 단점을 보완하고 안정적으로 은행보다 높은 수익을 얻기 위해 개발된 것이 바로 '적립식 펀드'이다.

적립식 펀드의 수익구조는 크게 Cost Averaging(평균 매입비용 감소)효과와 Compound Interest(복리)효과의 두 가지가 있다.

Cost Averaging(평균매입비용 감소)효과란 매월 일정한 날에 투자하다 보니 주식이 비쌀 때는 조금만 사게 되고 주식이 쌀 때는 많이 살 수 있기 때문에 시간이 흘러갈수록 주당 매입단가를 낮추게 된다는 원리다.

예를 들어 삼성전자가 50만 원 한다고 가정하면 100만 원을 투자 했을 때 2주를 살 수 있다. 만약 다음 달에 삼성전자가 하한가를 기록해서 25만 원으로 떨어졌다면 4주를 살 수 있다. 이어 그 다음 달에 상한가를 기록해서 100만 원으로 올랐다면 1주 밖에 살 수 없을 것이다. 이렇게 3개월을 투자하면 투자원금이 300만 원인데 보유주식은 7주가 된다. 이를 주당 평균 매입단가로 나누어 보면 약 43만 원정도가 되는데 실제 주식의 가치는 100만 원이므로 300만 원의 투자원금이 700만 원이 되어 있다. 주가변동을 극단적으로 압축해서 표현한 사례이지만 이런 식으로 장기간 투자를 하게 되면 큰 수익을 낼 수 있다. 이런 효과를 Cost Averaging(평균매입비용 감소)효과라고 한다.

두 번째로 복리효과란 이자에 이자가 붙는 것처럼 적립식 펀드에서도 주식매매를 통한 차익이 계속 재투자되어 수익에 수익이 붙게 되는 효과를 말한다. 한 국내 자산운용사의 경우 수시로 변하는 주가에 대응하기 위해 '상승 5%, 하락 15%'의 기준을 두고 컴퓨터가 자동적으로 시스템 매매를 하도록 운용하고 있다. 즉, 펀드에 편입된 주식의 주가가 5% 상승할 때까지 구간별로 주식을 매도하고, 주가가 15% 하락할 때까지 구간별로 주식을 매입하는 식이다.

이를 알기 쉽게 설명하면 첫 번째 달에 100만 원을 투자해서 매매차익이 10만 원이 발생한 경우 그 다음부터는 110만 원이 재투자 되는 형태인데, 주식매매차익을 환매하지 않고 계속 재투자를 하기 때문에 잘만 운용하면 상당한 복리효과를 얻을 수 있다.

이러한 적립식펀드의 수익효과는 펀드 운용사별로 또는 펀드별로 운용철학에 따라 틀리기 때문에 투자하기 전에 꼼꼼히 확인할 필요가 있다. 일반적으로 프랭클린 템플턴이나 피델리티 같은 외국계 자산운용사는 Cost Averaging 효과를 극대화할 수 있다. 이런 회사의 애널리스트들은 전 세계에 걸쳐 장기적으로 성장 가능한 종목을 발굴하기 때문에 장기 적립식펀드에 강한 경쟁력을 갖고 있다.

반면 국내 자산운용사들은 장기적으로 보유하는 펀드도 있지만 주로 펀드매니저들이 적극적인 주식매매를 통해 수익을 극대화하는 목표를 갖고 있기 때문에 복리효과를 많이 기대할 수 있다.

경우에 따라서 하나의 펀드에서 두 가지 효과를 모두 기대할 수도 있지만 일반적인 운용형태를 설명한 것이므로 투자하기 전에 먼저 확인할 필요가 있다.

〈 표 : 적립식펀드의 수익구조도 〉

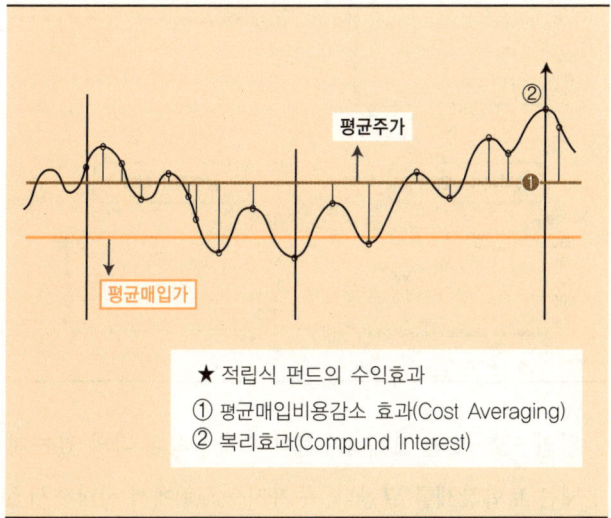

★ 적립식 펀드의 수익효과
① 평균매입비용감소 효과(Cost Averaging)
② 복리효과(Compund Interest)

● 적립식 펀드의 안정성

　적립식 펀드의 투자결과는 고객에게 귀속된다. 즉, 원금손
실의 위험성이 있다는 뜻인데, 많은 사람들이 이러한 막연한
리스크에 부담을 느낀다. 하지만 적립식 펀드의 구조를 잘 살
펴보면 과학적인 시스템으로 되어 있기 때문에 장기간 투자
할 경우 손실을 입을 확률이 매우 낮다는 것을 알 수 있다.

〈 정액분산투자방식 검증 〉

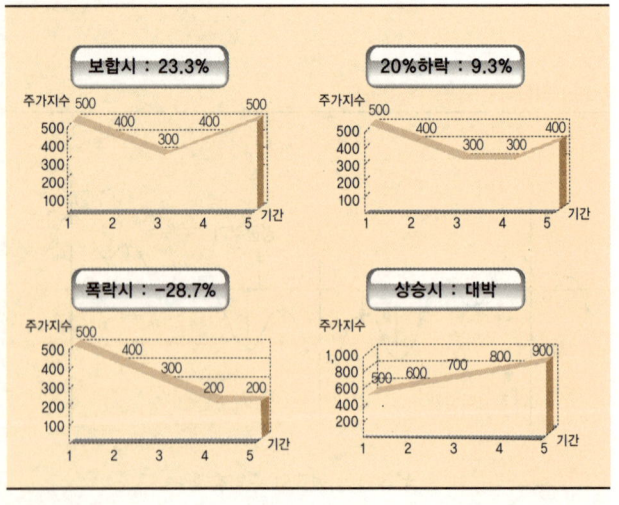

　위의 표를 보면 크게 4가지의 주가상황이 나와 있는데
첫째는 보합장세를 말한다. 주가지수 500에서 시작해서 5

년 후에도 역시 500이라면 일시금을 투자했을 때는 수익이 '0' 일 것이다. 하지만 적립식으로 투자하면 약 23%의 수익을 올릴 수 있다. 중간에 주가가 떨어졌을 때 사둔 주식들이 수익을 낸 것이다.

둘째는 하락장세이다. 주가지수 500에서 시작해 5년 후에 400이 된 경우인데, 역시 일시금을 투자했다면 20% 손실을 입을 것이다. 하지만 적립식으로 하면 주가가 300으로 떨어졌을 때 사준 주식들로 인해 약 9%의 수익을 올릴 수 있다.

셋째는 폭락장세이다. 주가지수 500에서 시작해 200까지 계속 하락한 경우인데 일시금을 투자했다면 무려 60%의 손실을 입을 것이다. 하지만 적립식으로 매월 리스크를 줄였기 때문에 약 28%의 손실로 막을 수 있다.

넷째는 상승장세이다. 주가지수 500에서 시작해 900까지 계속 상승한 경우인데 이런 경우에는 적립식 투자보다 일시금 투자가 훨씬 유리할 것이다. 하지만 주가의 움직임은 '신(神)의 영역' 이기 때문에 아무도 예측할 수 없다. 실제의 주가는 위의 4가지가 혼재되어 움직이기 때문에 일시금 투자보다는 매월 적립식으로 투자하는 것이 리스크를 줄이고 안정적인 수익을 낼 수 있는 것이다.

◉ **적립식 펀드의 수익 예시**

아래의 표는 적립식 펀드가 장기적으로 어떤 수익을 낼 수 있는지를 예시한 표이다. 사실 2005년까지 우리나라의 주가지수는 1천 포인트 대에서 왔다 갔다 했지만 대표 우량주의 경우는 그 동안 꾸준히 상승해 왔기 때문에 만약 85년부터 20년 동안 투자했다면 엄청난 수익을 기록했을 것이다. 우량주는 앞으로도 지속적으로 상승할 것으로 전망되기 때문에 지금 투자를 시작한다 해도 20년 후에도 마찬가지로 기대 이상의 수익을 낼 것으로 전망된다.

대표우량주 주가변동표

구 분	삼성전자	신세계	롯데칠성	태평양	농 심
1985년	8,000	6,000	10,000	7,000	5,000
1987년	50,000	25,000	15,000	20,000	18,000
1995년	100,000	53,000	100,000	18,000	18,000
1997년	60,000	12,000	60,000	20,000	40,000
1999년	250,000	50,000	70,000	33,000	60,000
2002년	300,000	150,000	650,000	120,000	90,000
2004년	450,000	320,000	900,000	220,000	250,000
연 상승률	22.3%	22%	25.2%	18.8%	21.7%

단, 적립식 펀드에서 유의할 점은 투자기간을 넉넉히 잡아야 한다는 것인데, 보통 주가는 경기와 같이 움직이기 때문에 1년이나 2년 정도 짧은 기간 동안 투자할 경우 주가하락기에 만기가 되면 손해 볼 가능성이 있다.

따라서 우리나라의 경기 주기에 맞춰 최소 5년 정도를 내다 보고 투자해야만 안정적 수익을 올릴 수 있다.(우리나라의 평균 경기상승주기는 35개월, 평균 경기하강주기는 20개월, 합계 55개월임)

또한 실버세대 경우는 지나치게 주식비중이 높은 펀드보다는 주식 50%, 채권 50%의 주식혼합형 펀드가 유리하다. 주가가 하락해도 채권의 수익이 받쳐 주기 때문에 안정성을 높일 수 있기 때문이다. 현재 시중 은행들과 증권회사에는 이러한 각종 적립식펀드들이 많이 나와 있는데, 적절한 상담을 통해서 선택하면 된다.

이러한 적립식펀드에 10년 비과세혜택과 운용수수료 할인, 주가하락기시 펀드변경 기능, 매월 받을 수 있는 연금전환옵션, 100만 원 이상 할인, 사고나 질병으로 인한 장해시 납입면제 등의 혜택을 추가한 상품이 바로 변액보험으로 보험회사에서 판매하고 있다.

향후 2~3년 이내에 쓸 자금이 아니라면 변액보험에 투자하는 것도 여러모로 유리할 것이다. 변액보험의 자세한 내용에 대해서는 다음 장 '백만장자 프로젝트 소개'에서 집중 조명하고자 한다.

5. 인생을 바꾸어 놓을
백만장자 프로젝트를 소개합니다.

2004년 11월 18일 중앙일보 경제면에 미국의 백만장자들은 단기적인 주식시장의 변동에 개의치 않고 중장기적 시각으로 투자한 사람들이라는 내용의 기사가 실렸다.

● "Wait and See" (중앙일보, 2004/11/18)

미국 백만장자들은 장기 투자자

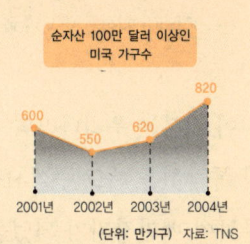
순자산 100만 달러 이상인 미국 가구수

올들어 미국의 백만장자가 200만 가구나 늘어났다. 이들의 재산 증식 비결은 주식에 투자한 뒤 시장 변동에 구애받지 않고 장기간 보유하는 것이다. 미국의 시장정보 업체인 TNS파이낸셜 서비스는 올 6월 현재 주택을 제외한 순자산이 100만 달러(약 11억 원)가 넘는 가구는 820만 가구로 지난해 같은 기간보다 33%(200만 가구) 증가했다고 16일(현지시간) 밝혔다. 이는 TNS가 1961년부터 통계를 집계한 이래 최대 규모며 증가율 역시 사상 최고 수준이다.

TNS는 백만장자가 급증한 이유로 장기적인 투자전략을 꼽았다. 이들은 증시가 하강국면에 있을때도 기존 투자방식을 크게 바꾸지 않아 상승기에 많은 이익을 봤다는 설명이다. 2003년 6월부터 지난 6월까지 뉴욕증시의 다우존스지수는 15%, 나스닥 지수는 25%가 상승했다. 지넷 투어 TNS매니저는 "대부분의 투자자가 9.11테러 후 금융시장을 떠났지만 백만장자들은 금융시장을 떠나지 않고 시장이 살아나기를 기다렸다"고 말했다. 실제 TNS설문조사 결과 백만장자의 48%는 금융시장이 급격히 위축된 경우에도 투자계획을 거의 바꾸지 않았고, 46%는 기다리며 시장을 주시(wait-and-see)한 것으로 나타났다.

이 기사는 우리나라의 경우로 예를 들면 IMF 이후 주가가 폭락했을 때도 주식시장을 떠나지 않고 계속 투자한 사람들이 백만장자가 되었을 거라는 요지다. 주식에 조금이라도 관심이 있는 사람이라면 이 말이 당연하다고 생각할 것이다. IMF 이후에 주식을 사서 지금까지 보유했다면 적은 금액의 투자로도 자산가가 되어 있을 것이기 때문이다.

필자도 지금까지 삼성전자나 신세계, 현대자동차 등 블루칩 주식을 계속 갖고 있었으면 어떻게 되었을까 하고 상상도 많이 해 보고 후회도 많이 한 것이 사실이다. 하지만 후회한들 소용이 없다. 이미 지나가 버린 기회이기 때문에…

하지만 21세기의 대한민국 국민 앞에는 더 큰 기회가 남아 있다. 필자가 보기엔 IMF 직후의 주식시장과 유사하거나 아니면 더 큰 기회가 될 수도 있다. 왜냐하면 우리가 쫓아가고 있는 미국 증시가 거쳐 간 발자취 때문이다. 미국의 경우 1960년대부터 1980년대 초반까지 우리나라처럼 주가지수가 1천 포인트 대를 왔다 갔다 하다가 1980년대 초반부터 대세 상승기에 돌입했다. 이후 불과 20여년 만에 대망의 1만 포인트 시대를 열게 되었는데 20년 동안 연평균 수익률이 20%를 넘는다. 이 덕분에 우리가 가끔 영화에서 보듯이 평범한 근로자가 은퇴 후엔 캠핑카를 타고 전국 일주를 하며 풍요로운 여생을 보낼 수 있게 된 것이다.

〈 표 : 미국의 증시 상승 사례 (매일경제 2004.11.28) 〉

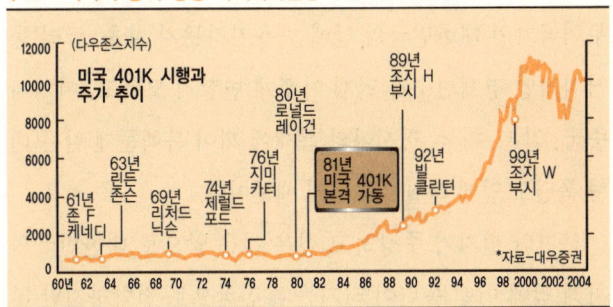

어떻게 이렇게 중장기적으로 주가가 계속 상승할 수 있었을까?

흔히 주가는 '주인과 등산을 하는 강아지'에 비유된다. 주인과 강아지가 등산을 하면 강아지는 주인을 앞서거니 뒤서거니 하지만 주인이 산 정상에 오르면 강아지도 산 정상에 오르게 된다는 뜻이다. 즉, 주가는 단기적이고 개별적인 호재와 악재에 대해 민감하게 반응하게 마련이지만 중장기적으로 국가의 경제가 튼튼해지면 따라서 올라갈 수밖에 없다는 것이다. 미국의 경우도 단기적으로는 많은 변동이 있었지만 국가 경제가 성장하고 튼튼해짐에 따라 주식시장도 대망의 1만 포인트 시대를 열게 되었던 것이다.

이 시점에서 향후 우리나라의 경제성장에 대해 논하고 싶은 것은 결코 아니다. 수출입 의존도 90% 이상의 전형적 무역국가인 대한민국의 앞에는 유가라든지 환율, 금리 등 거시적인 경제변수가 언제 어떻게 변할지 모르고, 여기에 중국, 일본, 미국, 러시아의 틈새에 끼여 북핵문제 같은 대형 폭탄도 언제 터질지 모르기 때문이다.

하지만 필자가 주장하고 싶은 것은 앞으로 대한민국의 미래 앞에 어떤 폭탄이 터지든 후진국으로 전락하지만 않는다면 중장기적으로 주식은 뜰 수밖에 없다는 것이다. 이런 예상의 가장 강력한 근거는 '수요와 공급의 법칙'이다.

미국의 경우 1980년도에 '401K'라는 법안이 시행되었는데, 이 법안의 골자는 퇴직연금의 과세를 연금을 타는 시점으로 이연 하는 것이었다. 이를 '과세 이연 효과'라고 하는데 수익이 생긴 부분에 대해 세금을 바로 떼지 않고 계속 재투자를 함으로써 나중에 내야 하는 세금이 많아지지만 그만큼 수익도 많아지기 때문에 투자자에게 훨씬 더 유리하다는 내용이다.

이 법안이 시행되자 천문학적 연기금이 조성되게 되었고 (알다시피 미국은 우리나라와는 비교할 수 없을 정도로 경제규모가 큼), 이 연기금의 상당액이 주식시장으로 유입되면서 공급은 일정하거나 소폭 증가하는데 비해 수요는 기하급수적으로 늘어나게 됨으로써 20여년 만에 주가를 10배 이상 끌어올리는데 일등 공신의 역할을 하게 된 것이다.

퇴직연금은 국민연금과 더불어 시간이 지날수록 규모가 커지는 특징이 있는데 바로 이러한 점이 안정적인 매수세 형성으로 작용하여 20년 동안 큰 요동 없이 대세 상승할 수 있었던 큰 원동력이 된 것이다.

물론 필자도 이 '401K' 법안이 미국 증시 상승의 절대적 역할을 한 것은 아니라고 본다. 미국 경제도 이 기간 동안 많은 성장을 했고, 또한 미국인들은 간접투자에 대한 인식이 정착되어 있었기 때문에 여러 경로의 매수 세력이 주가를 계속 끌어올렸을 것이다. 어찌 됐던 2007년 말 현재 미국의 다우존스지수는 13,000포인트를 왔다 갔다 한다. 재테크는 결론이 중요한 것이다. 2007년 대한민국의 모습이 1980년대 초반의 미국의 모습과 많이 닮았다는 견해도 많다. 지금부터 시작인 것이다.

그 이유 중 하나는 바야흐로 우리나라도 2005년 12월 1일부로 근로자 퇴직연금제도가 도입되었기 때문이다. 퇴직연금제도가 도입된 가장 큰 이유는 고령화 사회를 앞두고 있는 대한민국 국민들이 연봉제라는 이름으로 노후자금을 미리 당겨서 써 버리기 때문인데, 필요성을 떠나 가장 중요한 것은 도입되었다는 것이다. 2010년부터는 기존의 퇴직금과 퇴직보험에 대해 손비인정을 해 주지 않기 때문에 5인 이상의 사업장에서는 반드시 가입할 수밖에 없다. 또한 근로자 입장에서도 연간 300만 원 한도까지 소득공제를 받을 수 있기 때문에 2006년

하반기부터 퇴직연금 가입이 급증하고 있다고 한다.

그렇다면 퇴직연금의 규모는 어느 정도나 될까? 연구기관별로 조금씩 상이하지만 2010년경이면 약 50조 원의 퇴직연금이 조성될 것으로 전망된다. 최근 J일보에 따르면 2050년경에는 무려 2,100조 원 규모로 증가할 것이라고 한다. 이러한 퇴직연금에는 크게 확정급여(Defined Benefit, DB)형과 확정기여(Defined Contribution, DC)형 두 가지가 있는데 확정급여형은 기존의 퇴직금제와 유사한 형태이고, 확정기여형은 주식과 채권에 투자하는 펀드형 형태를 말한다. 앞으로도 저금리기조가 지속될 것으로 전망되는 관계로 퇴직연금 가입자들은 당연히 확정급여형 보다는 확정기여형을 선호하기 마련인데 결국 이 말은 퇴직연금의 상당액이 주식시장으로 유입될 것이라는 뜻이다.

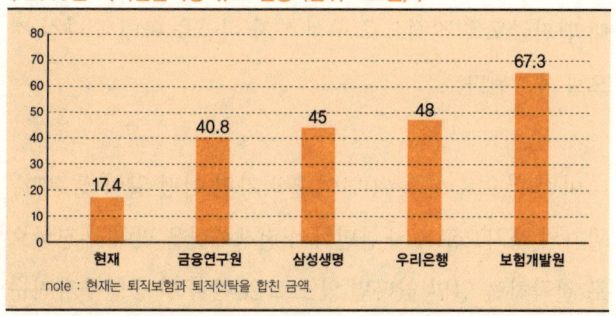

〈 2010년 퇴직연금시장 규모 전망 (단위 : 조원) 〉

note : 현재는 퇴직보험과 퇴직신탁을 합친 금액.

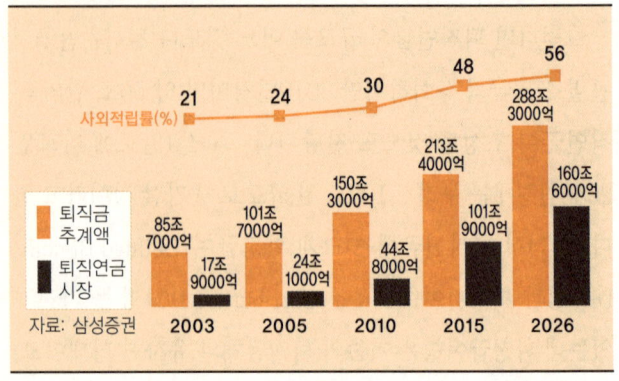

〈 퇴직연금 시장규모 예측 (단위 : 원) 〉

여기에 우리나라도 간접투자에 대한 인식이 많이 정착되어 매월 수천억 원이 넘는 개인투자자금이 적립식 펀드에 유입되고 있고, 국민연금을 포함한 3대 연기금(공무원연금, 사학연금)의 주식 투자 비중이 확대되고 있다. 향후 투자환경변화(금리, 부동산, 채권, 주식)를 고려해 본다면 3대 연기금도 점진적으로 주식 투자 비중을 확대해 나갈 것으로 예상된다.

이런 식으로 향후 20년이 흘러가면 어떤 일이 생길까? 필자의 생각으로는 대한민국이 전쟁폭탄을 맞아 후진국으로 전락하는 일만 없다면 앞으로 20년 후엔 종합주가지수가 최소 5천 포인트에서 1만 포인트 사이에 형성될 것으로 확신한다. 우리나라의 주식시장은 미국 대비 규모가 훨씬 작기 때문에 수요에 민감할 수밖에 없다.

2007년 말 기준으로 우리나라의 총 시가총액은 약 1,000조 원(2천 포인트 기준) 정도 된다. 이 중에서 1/3은 대주주 및 특수 관계인의 지분이고, 1/3은 외국인이 보유하고 있다. 따라서 시중에서 유통되는 주식은 약 200조 ~ 300조 원 정도다.

이 정도의 시장에서 매년 큰 폭의 매수세가 유입되게 되면 웬만한 악재에도 흔들림 없이 미국처럼 대세 상승할 것이다. 실제로 2007년 들어 외국인들이 집중적으로 주식을 매도하였지만 2007년 12월 현재 주가지수는 1,900포인트 대를 유지하고 있다. 웬만한 악재도 넘길 수 있는 내성이 생겼다고 볼 수 있는데 결국은 '수요와 공급의 법칙'에 입각해서 매수세가 받쳐 준다고 분석할 수 있다.

이런 흐름들이 앞으로 20년 이상을 갈 것이다. 이제 우리나라 국민들은 '주가지수 1만 포인트 시대를 향한 대한민국호'에 탑승하기만 하면 된다. 10년 이상 장기적으로 주식에 투자하면 미국과 일본의 경우처럼 평범한 사람도 부자가 될 수 있다. 또한 '백만장자 프로젝트'는 다시 오지 않는 기회이다. 한 국가의 성장과정을 보면 시기별로 금리, 부동산, 채권, 주식이 각각 뜨는 시기가 있게 마련인데 대한민국에 남은 마지막 투자수단은 '주식' 밖에 없다는 것이 전문가들의 공통된 견해다.

대한민국에서 마지막 남은 기회인 '백만장자 프로젝트'를 어떻게 활용하느냐에 따라 5060세대의 미래가 걸려 있다고 해도 과언이 아니다. 특히 노후준비가 부족하다고 판단되는 분들은 지금부터라도 허리띠를 약간 졸라매어 앞으로의 지출에 대비한 계획을 세워야 한다. 백만장자 프로젝트의 흐름을 잘 활용한다면 현재의 삶의 질을 유지하면서도 고령화 저출산 시대의 노후기에 절대 빈곤의 늪에 빠지지 않을 수 있을 것이다.

● 장기 연금펀드 소개

'백만장자 프로젝트' 효과를 가장 크게 볼 수 있는 상품이 바로 장기 연금펀드이다. 적립식 펀드는 간접투자상품임에도 불구하고 우리나라 사람들은 매일 모니터를 쳐다본다. 전 세계에서 가장 화끈한 민족이기 때문인데 여기에 대한민국은 부존자원이 거의 없는 무역국가이다 보니 다른 선진국 대비 주가의 출렁거림이 매우 크다. 이런 환경에서 10년, 20년 장기투자가 가능할까?

따라서 홍익인간 이래 가장 운 좋은 시대를 제대로 즐기려면 주식 편입비율이 높은 일반 적립식 펀드로는 거의 불가능하다. 주가의 출렁거림을 극복하고 10년, 20년을 버틸 수 있는 퇴직연금과 유사한 펀드만이 가능하다. 이러한 펀드를 '장기 연금펀드'라고 부르는데 다른 말로 '변액보험'이라고 한다. 변액보험에 대해 잘 모르는 사람들은 보험회사 사업비 때문에 일반 펀드 대비 손해라고 생각하는데, 똑같은 금융상품도 어떻게 활용하느냐에 따라 명품이 될 수도 있고 쓰레기가 될 수도 있다. 변액보험을 단기로 생각하면 쓰레기가 되지만 10년, 20년을 내다보고 장기로 투자하면 명품이 된다. 주가의 출렁거림이 클수록 수익성이 그만큼 높아지기 때문이다.

일반 적립식펀드(보통 주식비중 90% 이상)를 은행과 증권회사에서 취급한다면 생명보험회사에는 장기 연금펀드(보통 주식 50%, 채권 50%)가 있다. 연금 상품을 적립식 펀드로 운용하는 컨셉인데, 크게 변액연금보험과 변액유니버셜보험의 2종류가 있다. 변액연금보험은 납입기간이 정해져 있는 상품이며, 변액유니버셜보험은 종신토록 운용하되 2년 후부터 납입유예가 가능한 상품이다. 두 가지 상품 모두 수시 입출금이 가능하며 원하는 시기에 연금으로 전환해서 평생 수령할 수 있다.

사실 이런 상품들은 이미 몇 년 전에 출시되었기 때문에 우리나라의 수많은 FP(Financial Planner)들에 의해 일반화되어 있다고 해도 과언이 아니다.

하지만 필자가 재무 상담을 하며 만나 본 상당수의 고객들은 이러한 장기 연금펀드에 대해 정확히 잘 모르는 경우가 많았다. 심지어는 일반 적립식펀드로 알고 있는 경우도 있었는데 보험회사 상품에는 사업비라는 비용이 책정되어 있기 때문에 조기에 해약할 경우는 손실을 입게 된다. 따라서 장기 연금펀드에 대해 정확히 알고 가입해야만 불이익을 받지 않을 것이다.

① 운용수수료

적립식 펀드의 수수료는 크게 3가지로 구성되어 있다. 투입수수료, 운용수수료, 환매수수료인데 이중 가장 많은 부분을 차지하는 것이 운용수수료이다. 운용수수료는 매일

차감하도록 되어 있는데 일반 적립식펀드의 경우 수수료의
합계는 보통 연 2.5% 내외이다.

이에 반해 변액보험은 개인이 가입하는 것이 아니라 보
험회사라는 기관이 가입하는 것이기 때문에 수수료는 보통
연 0.6% 내외로 책정한다. 수수료 차이가 크지 않은 것 같
지만 매일같이 장기간동안 차감한 잔액이 재투자된다는 것
을 고려하면 상당히 큰 금액을 세이브할 수 있다. '백만장
자 프로젝트'가 10년을 이상을 내다보는 장기 프로젝트임
을 감안해 본다면 일반 적립식펀드보다 장기 연금펀드가
더 유리하다고 할 수 있다.

② 펀드 구성형태

일반적인 적립식 펀드는 대부분 주식형이다. 고수익 창
출이 목표이기 때문에 당연히 주식의 비중이 높을 수밖에
없는데, 이에 반해 변액보험은 일부 회사의 펀드를 제외하
고는 대부분 주식비중이 50% 이내로 구성되어 있다. 미국
의 경우는 주식 비중이 30%만 넘어도 주식형 펀드라고 표
현하는데 그만큼 주가등락에 대한 리스크를 의식하기 때
문이다.

주식비중이 높으면 주가 상승에 따라 큰 수익을 얻을 수

있지만 반대로 주가가 하락할 경우는 큰 손실을 입을 수도
있다. 'High Risk, High Return'을 회피하면서 장기적으로
안정적 수익을 얻기 위해 적립식 펀드에 가입하는 것이라
면 주식을 50%이내로 설정하고 있는 장기 연금펀드가 여
러모로 안정적이라고 할 수 있다.

주식의 수익에 채권의 수익까지 보탤 수 있기 때문인데
만약 주식이 예상보다 수익이 떨어진다 해도(또는 원금손
실이 발생한다 해도), 채권이 버티고 있어서 안정성이 뛰어
나다. 따라서 가입목적이 향후 몇 년 내 큰 수익을 목표로
하는 것이 아니라면 장기적인 관점에서는 주식의 편입비중
을 50% 이내로 유지하는 장기 연금펀드가 여러모로 더 유
리하다. 왜냐하면 중간에 찾아 쓰는 시점에서의 주가 향방
은 아무도 모르기 때문이다.

③ 펀드 변경

장기 연금펀드가 갖고 있는 장점 중 가장 큰 장점이라고
할 수 있는 것이 바로 펀드 변경이다. 주식시장은 경기에 따
라 움직이게 마련인데, 10년, 20년 동안 투자하는 장기 연
금펀드의 경우 반드시 주가하락기를 경험할 수밖에 없다.

이런 경우가 생긴다면 일반 적립식 펀드는 환매를 해서

안전자산에 보관하다가 다시 주가상승이 시작될 시점에 재
투자를 하는 방법 밖에 없다. 그런데 증권회사나 펀드매니
저들은 자산운용수수료가 가장 큰 수입이기 때문에 고객의
이익을 생각해서 환매를 권유하는 경우는 거의 없다. 환매
를 할 경우 수수료가 줄어들기 때문이다. 환매 타이밍을 놓
치게 되면 그 동안 애써 모아 놓은 수익이 한 순간에 날아갈
수도 있는데, 이런 점이 은행과 증권회사의 가장 큰 리스크
라고 할 수 있다.

그래서 적립식 펀드에 투자하려면 장기 연금펀드에 해야
한다. 왜냐하면 장기 연금펀드는 사업비만 있을 뿐 운용자
산에 대한 수수료를 FP에게 주지 않기 때문이다. 또한 펀
드변경이 가능하기 때문에 환매하는 일 없이 채권형으로
펀드를 옮기면 된다. 이 방법 외에 중도인출이나 약관대출
을 통해 안전자산으로 옮기는 방법도 있다. 어느 방법이 좋
은지는 해당 시점에서 FP와 상의를 통해 결정하면 된다.
펀드 변경 시점에 대해 FP가 정보를 제공하는 것은 힘들겠
지만 주식시장의 상황에 대해서는 매일같이 신문에서 상세
히 보도하고 있기 때문에 고객의 불안감을 얼마든지 해소
시켜 줄 수 있다.

이것이 장기적으로 고객의 자산을 관리해 주는 장기 연금펀드의 가장 큰 장점이라고 할 수 있다.

④ 추가납입, 중도인출

인생을 살아가면서 재정상황은 수시로 변하기 마련이다. 보너스를 받거나 연봉이 올라가는 등 생각보다 수입이 늘어날 수도 있고, 집안의 경조사나 주택 마련 등 갑자기 돈이 필요한 경우도 수시로 발생한다.

일반 적립식 펀드는 은행의 저축처럼 약정된 기간 동안 의무적으로 납입을 해야 하기 때문에 돈이 생겨서 추가로 납입하거나 돈이 필요해서 중간에 찾아 쓰기는 힘들다. 하지만 장기 연금펀드의 경우는 연금형태로 운용되기 때문에 추가납입과 중도인출이 자유롭다. 여기에 변액유니버셜보험은 의무납입기간 2년이 경과하면 월 대체공제를 통해 납입유예까지 가능한 장점도 있다.

필자의 경험상 많은 사람들이 저축을 하다가 돈이 필요해 중도에 해약하는 경우도 있었고, 보너스 같은 여윳돈을 재투자하고 싶은데 마땅히 할 방법이 없어서 그냥 흐지부지 쓰는 경우도 많이 목격했다. 여기에 소액의 돈이 갑자기

필요하면 으레 신용대출이나 현금서비스를 받게 된다. 이
런 구체적인 사례들이 대다수 국민들이 장기 연금펀드에
가입해야 하는 이유 중에 하나라고 할 수 있다. 지갑에서 새
는 돈만 잘 아껴도 몇 년이 지나가면 큰 목돈을 만들 수 있
기 때문이다.

⑤ 비과세혜택

2008년 현재 세법은 주식매매차익에 대해 비과세를 인
정해 주고 있다. 그래서 주식형 펀드의 경우 수익에 대해 비
과세혜택을 누릴 수 있는데, 주식과 채권이 혼합되어 있는
펀드의 경우(혹은 주식편입비율 이외의 금액)에는 주식 이
외의 유동자산수익에 대해 이자소득세를 부과한다.

즉, 채권투자수익이나 배당수익, 이자수익에 대해서는
세금을 내야 하는데 세금의 많고 적음을 떠나 금융소득종
합과세 산정기준에 포함되는 불이익이 있다. 여기에 장기
간의 투자를 통해 수익이 많아진다면 실제로 내야하는 세
금도 크게 불어날 수 있다.

자산가들한테는 물론이고 일반인들도 세금 부분만큼 손
해를 입게 되는데 장기 연금펀드는 비적격연금의 형태를

떠고 있기 때문에 10년경과 시 전액 비과세혜택을 받을 수
있다. 세금만큼 수익이 늘어나는 효과가 있으므로 비과세
혜택은 금융소득종합과세를 걱정하는 자산가는 물론 일반
인들도 장기 연금펀드에 가입해야 하는 강력한 이유이다.

⑥ 연금전환

일반 적립식 펀드에 만기환급금은 물론 임대소득처럼 일
정 시점부터 매월 일정액씩 죽을 때까지 자본이익을 받을
수 있는 상품이 있다면 어떨까? 아마 가입하겠다는 사람들
이 줄을 설 것이다.

나이가 들수록 근로소득이나 사업소득을 발생시키기 힘
들다 보니 40대만 돼도 월세 같은 임대소득에 대한 욕구가
많아진다. 만약 10년 전에 시작했던 적립식펀드에서 이런
비활성소득을 매월 받을 수 있다면 기분이 어떨까? 아마 매
우 만족해하며 받고 싶을 것이다.

하지만 일반 적립식 펀드는 불행하게도 그런 옵션이 없다.
오로지 장기 연금펀드만 갖고 있는 것이다. 스위스산 다목적
칼 하나로 일상생활과 레저생활을 두루 즐길 수 있는 것처럼
장기 연금펀드의 연금전환옵션은 인생을 살아가는데 있어서
다목적으로 활용할 수 있는 좋은 도구가 될 수 있다.

⑦ 사망보험금 및 할인제도

장기 연금펀드는 펀드에 투자하는 보험 상품답게 일정금
액의 사망보험금이 담보되어 있다. 이러한 사망보험금은
주계약이 아니라 특약으로 부과되어 있기 때문에 보험료는
거의 미미하다고 할 수 있다. 실제로 장기간의 펀드운용기
간 중 이런 일이 발생하지 않으리라고 보장할 수는 없는 게
인생이기 때문에 일반 적립식 펀드 대비 장점이라고 할 수
있다. 대한민국의 국민 중에 충분한 사망보험금을 갖고 있
는 경우가 드물기 때문이다.

또한 '할인' 이라는 단어에 익숙한 우리나라 국민들에게
만족감을 줄 수 있는 것이 '고액할인제도' 이다. 100만 원
이상의 경우 할인을 받을 수 있는데 할인제도는 국내 대형
생보사들만 적용해 준다. 사망보험금과 할인제도는 일반
적립식 펀드에는 없는 장기 연금펀드만의 장점이라고 할
수 있다.

⑧ 납입면제제도

20년짜리 일반 적립식 펀드에 가입했는데 몇 년 지나지
않아 갑작스런 불의의 사고로 경제적 능력을 상실하는 경
우가 생기게 되었다. 만약 그런 경우에 은행과 증권회사에

서 위로의 뜻으로 앞으로 남은 기간 동안 대신 불입해 주겠다는 제안을 하면 어떨까? 매우 큰 도움이 될 것이다. 하지만 제1 금융기관인 은행과 증권회사에는 그런 옵션이 없다. 제2 금융기관인 보험회사만 가능하다. 참고로 유엔이나 WHO에서 추정하는 우리나라의 장애인 수는 약 470만 명 정도라고 하는데, 그 중 90% 이상은 후천적 장애(사고, 질병 등)라고 한다. 가입하고 있는 고객이 불의의 사고로 합산 장해율 50% 이상 판정을 받으면 가입기간 내내 보험회사에서 대신 내 준다. 어떻게 펼쳐질지 모르는 것이 인생이므로 만약 이런 경우가 생긴다면 큰 도움이 될 것이다.

지금까지 장기 연금펀드가 일반 적립식펀드에 비해 갖고 있는 장점을 8가지 항목으로 구분하여 알아보았다. 장기 연금펀드는 이러한 다양한 장점을 갖고 있지만 유일한 단점이 한 가지 있다. 중장기 금융기관인 보험회사의 사업비가 부과된다는 것인데, 그래서 조기 해약 시는 원금 손실을 입을 가능성이 있다. 따라서 장기 연금펀드는 반드시 5년 이상의 계획에만 적합한 상품임을 잊지 말자. 5년 미만은 은행과 증권회사의 상품을 이용하는 것이 유리하고 5년 이상

은 지금까지 설명한 8가지 장점 때문에 보험회사 장기 연금
펀드가 여러모로 유리하다.

　백만장자 프로젝트는 10년 이상을 바라보는 중장기 계획
이다. 퇴직연금의 도입과 함께 시작된 백만장자 프로젝트
의 효과를 극대화하려면 장기 연금펀드가 가장 적합한 상
품이라고 생각한다. 앞으로 인생을 살아가면서 반드시 겪
게 되는 몇 번의 주가하락기를 편안하고 여유로운 마음으
로 넘길 수 있는 유일한 펀드이기 때문이다.

6. 나만의 평생금고 만드는 방법을 소개합니다

'나만의 금고' 만들기 Project는 수십 년간의 노후자금을 잘 쓰기 위한 도구로서 장기 연금펀드를 활용해 보자는 컨셉이다. 장기 연금펀드는 여유자금의 추가납입과 필요자금의 중도인출이 수시로 가능해서 평생 활용하기 좋기 때문이다. 참고로 돈을 잘 쓰려면 어딘가에는 담아 놓고 써야 하는데, 우리나라에는 돈을 담아 놓고 쓸 수 있는 그릇이 모두 네 가지가 있다. 금고, 은행, 부동산, 연금인데 각각의 그릇에 대한 장단점을 알아보자.

첫 번째는 금고이다. 집안의 벽을 파서 금고를 설치해서 돈을 넣어 놓고 꺼내 쓰면 된다. 금고의 장점은 무엇일까? 정답은 아무도 모른다는 것이다. 즉, 국세청에서 개인의 집에 얼마가 들어 있는지 파악할 길이 없다는 뜻이다. 그래서 세금이 겁나는 사람들은 실제로 집 안에 금고를 설치해서 사용하고 있다. 하지만 이 방법은 큰 단점이 두 가지 있는데, 첫째는 수익률이 제로라는 것이다. 은행이나 부동산은 일정 수준의 수익을 얻을 수 있지만 금고는 수익이 전혀 없기 때문에 꺼내 쓰다 보면 쌀독의 쌀처럼 다 없어지게 된다.

둘째는 불안감이다. 집안의 금고에 10억 원을 넣어 두었다고 생각해 보자. 도둑이 들 까봐 불안해서 여행도 제대로 다니지 못할 것이다. 이처럼 금고는 익명성이 보장되지만 이런 단점들로 인해서 실제로 활용하는 사람들은 많지 않다.

두 번째 방법은 은행을 활용하는 것이다. 절대 다수의 사람들이 실제로 은행을 이용하고 있는데, 은행의 장점으로는 편리성과 안전성을 꼽을 수 있다. 인터넷 뱅킹을 통해 수시로 편하게 돈을 꺼내 쓸 수 있고, 금고처럼 도둑맞거나 하는 일이 없다.

하지만 은행에도 단점이 있다. 첫째는 수익이 낮다는 것이다. 일반 입출금통장의 경우는 연 수익률이 보통 0.1% ~0.2%에 불과하고 정기예금의 경우도 연 4~5% 정도로 인플레를 따라 가지 못하고 있다.

둘째는 세금인데, 세금의 많고 적음을 떠나 세금이 발생했다는 사실 자체가 국세청에 통보되기 때문에 내가 가진 자산이 얼마나 되는지 정확하게 알려질 수밖에 없다. 아울러 세금이 많아지게 되면 금융소득종합과세 같은 중과세의 부담도 떠 앉게 된다. 그래서 돈이 많아질수록 은행을 기피

하는 현상이 생기는 것이다.

세 번째 방법은 부동산이다. 아파트나 상가 등에 투자해서 매월 월세를 받아서 쓰는 방법인데, 은행보다는 수익률이 높고 부동산의 가치 또한 올라갈 것으로 기대하기 때문에 많은 사람들이 활용하고 있다. 하지만 부동산은 유동성 측면에서 심각한 단점이 있다. 부동산 경기가 좋을 때는 매매를 해서 현금으로 전환이 가능하지만 부동산 경기가 나빠지면 원금은 커녕 큰 손실을 입을 수도 있다.

장기적으로 볼 때 우리나라의 부동산 경기는 점점 후퇴할 것으로 예상되는데(고령화, 저출산의 리스크로 인한 수요 감소), 부동산에 대한 세금 압박도 나날이 강해질 것으로 판단된다. 또한 부동산에는 여러 가지 부대비용이 많이 발생한다. 부동산 취등록세는 물론이고, 중개수수료도 발생하고 각종 보유세(재산세, 종합부동산세)에 대한 부담과 양도소득세도 만만치 않다. 게다가 임대소득도 일정액 이상이면 매년 임대소득세도 별도로 납부해야 한다. 여기에 부동산의 노후화에 따른 각종 유지보수 비용도 감안해야 한다. 부동산 전문가들에 따르면 임대수익률이 연 8% 이상이면 투자성이 있다고 하는데, 이런 각종 부대비용을 생각하면 생각보다 수익이 떨어질 가능성이 높다. 거기에 만약 임대가 잘 안 되거나 부동산의 가치가 하락하는 일이 생기게 되면 임대수입으로 돈을 쓰는 계획에 큰 차질을 빚을 수도 있다.

마지막 네 번째 방법은 연금이다. 연금은 보험회사에 돈을 넣어 두고 매월 꺼내 쓰는 방법인데, 2007년 현재 약 5% 내외의 수익으로 쓸 수 있다.(공시이율형 기준) 은행보다는 높고 부동산보다는 조금 낮은 수준이다. 연금의 특징은 비과세혜택 때문에 세금 부담이 전혀 없고 죽을 때까지 아무 신경 안 써도 매월 받을 수 있다는 것이다. 남편이 먼저 사망해도 부인이 평생 수령할 수 있고, 책임준비금(원금+이자)을 자녀에게 상속시켜 줄 수도 있다. 그래서 강남부자들의 경우 최근 들어 부동산 보유 비중을 줄이고 연금 비중을 늘리고 있다고 한다.

지금까지 돈을 잘 쓰는 방법으로 금고, 은행, 부동산, 연금 4가지를 설명했는데, 돈을 담아 놓고 편안하게 쓰기에는 연금이 여러 면에서 유리할 것이다. 하지만 이 연금에도 큰

단점이 있다. 바로 준비기간이 필요하다는 것인데, 연금소
득세(5.5%)가 비과세 되려면 최소 10년이 필요하다. 즉,
한 달이라도 일찍 시작해야 그만큼 빨리 꺼내 쓸 수 있다는
뜻이다. 5060세대의 입장에서는 장기 투자가 부담스러울
수 있지만 언제까지 돈을 써야 할 지 아무도 모르기 때문에
필요성을 느낀다면 즉시 시작하는 것이 중요하다. 언제나
그래왔듯이 시간은 금세 흘러가기 마련이고, 여기에 장기
연금펀드의 수익률까지 가미된다면 매우 만족스런 '나만의
금고'로서 톡톡히 제 역할을 다할 것이다.

7. 자녀에게 경제적 독립을 선언해 보세요

누구나 다 돈을 많이 벌어서 부자가 되고 싶어 한다. 그
런데 사람의 심리상태를 자세히 들여다보면 사실은 돈이
좋아서 라기보다는 돈이 싫어서 그렇다고 할 수 있다. 인생
을 살아가면서 돈 때문에 신경 쓰고, 돈 때문에 스트레스 받
기 싫어서, 그래서 아예 돈을 많이 벌면 돈으로부터 자유로
워질 수 있기 때문이다. 이렇게 돈으로부터 자유로워지는
상태를 전문용어로 'Economic Freedom', 우리말로는 '경
제적 독립' 이라고 한다.

그렇다면 매월 어느 정도의 돈이 있다면 굳이 일을 하지
않아도 주변 사람들에게 손 벌리지 않고 살 수 있을까? 개
인별로 차이는 있겠지만 보통사람의 경우 매월 300만 원
정도만 있어도 일을 하지 않아도 살 수 있다고 한다.

그러면 돈으로부터 자유로워질 수 있는 상상의 세계로
떠나 보자.

이 글을 읽는 독자가 오늘 퇴근 후에 길을 가는데 횡단보
도 근처에서 달려오는 트럭 앞으로 갑자기 넘어지는 아이
를 구하게 되었다. 알고 보니 그 아이는 재벌집 손자였는

데, 그 재벌 회장이 너무 고마워서 가진 건 돈 밖에 없으니까 이번 달부터 매월 300만 원씩 평생 드리고 싶다고 제안을 하는 것이 아닌가. 그래서 당장 이번 달부터 매월 300만 원씩 통장에 입금이 된다. 이 달에 다 써도 다음 달에 또 들어온다. 그런 식으로 평생 매월 300만 원이 입금되는데 만약 이런 일이 생긴다면 독자의 인생에 도움이 될까?

아마 많은 도움이 될 것이다. '300만 원이 이번 달부터 입금되면 어떻게 쓸 까' 하고 상상만 해도 즐거울 것이다. 여행도 가고, 가족들에게 맛있는 것도 사 주고, 평소 하고 싶었던 취미나 레저 활동도 가능하고, 저축을 해도 된다. 매월 300만 원의 추가 수입만 들어 와도 인생이 달라질 것이다. 일 하기 싫으면 일 하지 않아도 되는 '경제적 자유'가 생기는 것이다.

하지만 문제는 이런 일이 생길 확률은 로또에 당첨될 정도의 확률이라는 것이다. 로또에 당첨만 되면 이 보다 더한 경제적 자유도 성취할 수 있다. 그래서 지금 이 순간에도 수많은 국민들이 로또 복권을 구입하지만 대다수가 상상속의 즐거움만 누릴 수 있을 뿐이다. 정말 이런 경제적 자유가 필요하다면 로또를 사지 말고 현실적인 준비를 해 보자. 은행

상품에는 월 이자 지급상품이라는 것이 있는데 1억 원을 넣어 두면 5% 기준으로 매월 세후 약 35만 원 가량 준다. 매월 300만 원 이상을 받으려면 약 10억 원을 은행에 넣어 두면 된다는 뜻이다.

그러면 10억 원을 만들기 위해 반대로 지금부터 매월 300만 원을 저축해 보자. 10년이면 원금 기준으로 3억6천만 원, 대략 25년 정도 걸릴 것이다. 그런데 25년간 매월 300만 원씩 저축해서 25년 후부터 매월 300만 원 이상이 나온다고 하더라도 지하철 티켓이 만 원이고, 자장면 값이 5만 원이면 얼마나 쓸 수 있을까. 우리나라의 인플레 속도를 보면 어렵지 않게 예상할 수 있을 것이다.

이러한 이유로 인해 보통사람들에게 경제적 자유란 꿈에 불과하다. 현재의 소득 수준으로는 요원한 꿈. 그래서 로또에 매달리게 되는 것이다. 하지만 만약 25년이 아니라 10년 전후로 기간을 줄일 수 있고, 매월 투자하는 금액이 300만 원이 아니라 내가 낼 수 있는 금액 정도로 투자해서 경제적 독립이 가능한 금융상품이 있다면 어떨까?

이것이 바로 '백만장자 프로젝트'의 효과이다. 향후 투자의 맥락인 주식에 내가 가지고 있는 자본을 장기적으로 집중 투하해서 대규모 수익을 올리는 것이 '워런 버핏'식 투자라면, 5060세대는 투자기간이 상대적으로 짧을 수밖에 없으므로 지금부터라도 장기 연금펀드에 내 여력을 집중 투자하자는 것이다. 그래서 주가의 출렁거림과 상관없이 10년 정도 꾸준히 관리한다면 10년 후부터 매월 300만 원의 비활성소득을 창출하는 것이 가능하다. 은행의 이자 지급식 상품은 원금을 보존하고 이자만 지급하지만 보험회사의 연금 상품은 원금과 이자가 같이 지급되기 때문에 10억 원보다 훨씬 적은 금액으로도 수익률에 따라 매월 300만 원 이상을 지급할 수 있다. 5060세대에게 남은 마지막 기회를 잘 활용한다면 누구나 다 '경제적 독립'을 성취할 수 있다고 확신한다.

8. 부동산 월세보다 더 좋은 월세를 받아 보세요

필자가 지금까지 만난 5060세대의 상당수는 부동산 위주의 재테크를 하고 있었다. 부동산 중에서도 주거용 부동산인 아파트를 두 채 이상 보유한 분이 많았는데, 고가의 아파트이다 보니 월세를 받기 힘들어 보통 전세 위주로 관리하면서 집값이 올랐을 때 처분해서 노후자금으로 활용하려는 계획을 갖고 있었다. 그런데 참여정부 들어 8.31 대책 등 각종 부동산 규제책이 쏟아지면서 '자산유동화(부동산을 현금으로 바꾸는 과정)'에 문제가 생겨 정부정책을 비판하고 한탄하는 분들이 우후죽순 생겨나게 되었다.

앞으로 정부 정책이 어떤 방향으로 흘러갈 것인지는 필자의 전문분야는 아니지만 부동산 정책 자체는 '규제' 기조를 유지할 것으로 예상된다. 따라서 아파트 같은 주거용 부동산 보다는 상가나 건물 같은 상업용 부동산이 노후자금으로 쓰기에 더 적합한데, 문제는 상업용 부동산의 경우 '부익부 빈익빈'이 매우 심하다는 것이다. 필자의 주변에도 기획부동산이나 신문광고를 통해 상가를 매입했다 몹시 후회하는 경우가 많았다. 가격이 싸면 그만큼 이유가 있는 법이다. 그렇다고 검증되어 있는 노른자위 상가의 경우는 투자금액 자체가 천문학적이라 웬만한 자산가 아니면 실행에 옮기기 어렵다.

이번 장은 모아 둔 금융자산과 퇴직금을 합쳐 5억 원 미만인 분들에게 제안하고 싶은 내용이다. 5억 원 미만의 자금으로는 노른자위 상가에 투자하기 어렵고(서울 및 수도권 기준), 부채를 앉고 투자한다 하더라도 앞으로 부동산의 향방을 점치기 어렵기 때문에 5060세대에게는 큰 부담이 될 수 있다.

수익성 부동산의 판단은 보통 연 8% 정도를 기준으로 한다. 1억 원을 투자했을 때 연간 800만 원, 월 67만 원 정도 임대소득이 발생하면 성공적인 투자라는 뜻이다. 그런데 부동산 투자에는 여러 가지 단점이 있다.

첫째, 취등록세 및 복비 같은 구입비용이 많이 든다. 둘째, 재산세라는 보유비용과, 셋째, 임대소득도 일정 이상 되면 임대소득세를 납부해야 하며(종합과세), 넷째, 경기에 따른 임대소득의 변동성, 다섯째, 노후화에 따른 각종 유지보수비용 발생 등을 고려해야 한다. 이런 저런 고려사항을 감안하면 도심 중심부의 핵심 노른자위 상가나 오피스텔이 아니면 오히려 이자소득보다 못한 경우도 많다.

따라서 필자가 추천해 주고 싶은 상품은 불확실한 부동산의 임대소득과 적지만 안정적인 은행의 이자소득 사이에 있는 '연금소득'이다. 보험회사 상품 중에 '바로연금'이란 상품이 있는데 만 55세 이상이면 가입 즉시 매월 연금을 지급해 준다. 55세인 남자가 1억 원을 넣는다면 매월 49만 원 정도를 평생 받을 수 있다. 만약 부부의 나이차를 고려해서 배우자의 평생까지 지급 받으려면 매월 45만 원 정도를 받을 수 있다.(공시이율 5.1% 기준) 평생 지급해 주며 최저 20년 동안 보장해 준다. 20년 이전에 사망하게 되면 가족에게 나머지 연금을 지급해 준다.

'바로연금'은 임대소득보다는 못하지만 은행보다는 훨씬 많다. 원금과 이자를 동시에 수령하는 방식이기 때문이다. 물론 원금이 사라지는 단점이 있긴 하지만 평생 지급되기 때문에 고령화 시대에 적합한 상품이다. 눈에 보이는 1억 원은 자칫 잘못하면 순간적으로 사라질 수 있지만 '바로연금'은 100세를 살더라도 평생 지급해 주기 때문이다. 따라서 고령화시대에 평생 노후생활을 편안하게 보내기 위해서는 부동산 임대소득보다는 원금과 이자가 동시에 지급되는 '바로연금' 상품이 여러모로 유리해 보인다. 부동산 임대소득은 리스크가 크며 이자소득은 인플레이션을 극복하기 어렵고 원금을 써 버릴 수도 있기 때문이다.

9. 목돈으로 위험도 높은 주식에
안전하게 투자하는 방법을 소개합니다

우리나라의 대표적 투자수단으로는 크게 은행, 부동산, 채권, 주식의 4가지가 있다. 사실 투자 상품은 수천 가지가 있지만 모든 상품들이 이 네 가지 투자수단과 연계되어 있다고 보면 된다. 그중 가장 대표적인 투자수단인 은행의 예금 금리는 2007년 말 현재 연 5%(1년 만기) 정도이다. 이는 전문가들이 판단하는 실질 인플레율 6% 보다 낮은 수준이기 때문에 은행에 돈을 넣어 두면 실질가치가 떨어지게 된다.

그래서 많은 사람들이 은행의 예·적금 보다는 수익률을 높일 수 있는 다른 투자수단을 선호하기 마련인데 부동산의 경우는 각종 규제로 인해 투자수익을 기대하기 어렵고, 채권 또한 은행보다는 수익률이 높지만 구조가 복잡하고 금리상승기에는 손해를 볼 수 있으며, 자산유동화가 어렵다는 단점이 있다. 결국 일반인들이 손쉽게 은행보다 수익률을 높이는 방법은 주식에 투자하는 것으로 요약할 수 있는데, 주식 또한 매일 가치가 변동하므로 실버세대가 편안하게 투자하기는 선뜻 마음이 내키지 않는다.

또한 실버세대는 매월 사업소득이나 근로소득을 발생시
키기 어렵기 때문에 적립식 투자보다는 목돈 투자를 선호
하기 마련이다. 그런데 주식은 위험도가 높은 투자수단이
다 보니 목돈으로 투자할 경우 '시간에 따른 위험분산효과
(Cost Averaging Effect)'를 기대하기 힘들어 안정적인 투자
를 하기 어렵다. 그렇다면 일정액의 목돈을 위험도 높은 주
식에 안전하게 투자하는 방법은 없을까?

참고로 필자가 지금까지 실버세대의 고객들에게 투자해
준 방법을 소개하면 연금혜택이 있는 보험회사의 상품과
증권회사의 CMA(Cash Management Account, 자산관리계
좌)를 섞어서 투자하는 것이 있는데, 이렇게 하면 안정적으
로 은행보다 높은 수익을 기대할 수 있고 모인 돈을 매월 연
금으로 평생 수령할 수도 있다.

예를 들어 1억 원의 목돈이 있다고 가정하면 3단계의 과
정을 밟게 된다.

첫째, 8,200만 원을 보험회사 공시이율형 일시납 연금에
넣는다. 2007년 말 현재 수익률은 연복리 5.1% 정도이다.

둘째, 1,800만 원을 증권회사 CMA 통장에 넣는다.

CMA는 입출금하고 남은 잔액에 대해 연 5% 정도의 이자를 주는 증권회사 상품이다.

셋째, CMA 계좌에서 보험회사의 5년납 변액연금(적립식 펀드로 운영되는 연금)으로 자동이체를 시킨다. 참고로 변액연금의 목표수익률은 5년 기준으로 10% 정도이다.

이렇게 3단계를 세트하고 1년에 한 번씩 네 번을 공시이율형 일시납 연금에서 1,800만 원씩 중도인출해서 CMA 통장에 넣어 두기만 하면 각각의 단계에서 모두 수익을 올릴 수 있다. 일시납 연금에서 남은 금액에 대해 연복리로 수익이 나고, CMA 통장에서도 수익이 나며, 변액연금에서도 수익을 낼 수 있기 때문에 그냥 1억 원을 은행에 넣어 두는 것보다 훨씬 유리하다.

변액연금은 주식과 채권에 투자하는 펀드형 연금이므로 향후 주가상승에 따라 수익률을 높일 수 있고 만약 주가가 하락한다 하더라도 채권에서 안정적 수익이 나기 때문에 실버세대에게 적합한 상품이다. 이렇게 투자하게 되면 여러 가지 장점이 있다.

첫째, 세 단계의 모든 상품은 수시로 인출이 가능하고 추가 납입도 가능하기 때문에 돈이 묶이지 않는다는 장점이 있고,

둘째, 5년을 운용한 뒤 다시 5년을 기다리면 보험회사의 혜택인 10년 비과세혜택도 누릴 수 있으며,

셋째, 일정 기간이 지나면 모인 돈을 평생 연금으로 받을 수 있다.

마지막으로 일반 적립식 펀드는 보통 주식 비중이 90% 이상이기 때문에 주가의 등락에 따라 투자자의 스트레스가 크기 마련인데 보험회사의 변액연금은 보통 주식 비중이 50% 미만이므로 상대적으로 편안하게 투자할 수 있다. 이 변액연금을 집중해서 활용하되 매월 투자되는 금액을 제외한 목돈에 대해서도 안정적인 수익을 내자는 것이 '목돈을 위험도 높은 주식에 안전하게 투자하는 방법'의 핵심이다.

10. 건강하고 편안한 노후!
실버타운을 추천합니다

우리나라 사람들에게는 아직 생소하지만 선진국에서는 노후생활을 '실버타운'에서 보내는 것이 일반화 되어 있다. 실버타운은 의식주 문제를 공동으로 해결하고 마음이 맞는 사람들끼리 커뮤니티 형성을 통해 여가생활을 즐길 수 있으며, 대형 실버타운의 경우 간병시설까지 갖추고 있어 여생을 마음 편하게 보낼 수 있다. 우리나라의 경우도 핵가족이 보편화 되면서 점점 실버타운에 대한 니즈가 커지고 있는데, 늘어나는 싱글족과 독거노인 문제를 보더라도 실버타운이 편안한 노후생활의 대안이지 않을까 생각된다.

실버타운에는 요양시설만 있는 곳도 포함되지만 필자가 추천해 주고 싶은 곳은 간병시설을 갖추고 있는 대형 실버타운이다. 현재 대한민국에서 가장 좋은 시설과 여건을 갖추고 있는 곳은 경기도 용인에 위치한 'N' 실버타운이다. 이곳은 부부 중 한 명이 만 60세 이상일 경우 입주가 가능한데, 주거 공간 540세대와 200여명을 수용 가능한 간병시설을 갖추고 있다. 이 밖에도 입주민의 건강을 관리해 주는 의료시설과 스포츠센터를 비롯한 각종 생활문화 공간, 테마파크 및 주말농장을 갖추고 있다.

　주거공간은 여러 타입으로 나눠지는데 가장 작은 시설도 부부가 함께 쓰기에 좁지 않다. 주거공간의 시설에는 실버 세대의 편의성을 감안하여 집안 곳곳에 잡기 쉬운 손잡이가 있고, 앉아서 샤워 할 수 있는 의자, 휠체어 사용을 고려한 싱크대, 긴급 상황을 대비한 응급호출버튼 등이 설치되어 있다.

　주거 공간 옆에는 간병시설이 위치해 있는데, 고령화가 진전될수록 누구에게나 간병기가 찾아 올 가능성이 높다. 각종 질병과 사고로 거동을 못하게 된다 하더라도 전문 간호사에게 간병을 받을 수 있으므로 자녀에게 부담을 주지 않아도 된다.

　주요 생활서비스로는
　★ 식사 서비스 : 매일 바뀌는 1일 3식 복수 메뉴,
　　　　　　　　　 의사 처방에 의한 치료식
　★ 가사 서비스 : 청소 및 세탁 서비스
　★ 생활 편의 서비스 : 세무, 법률, 생활 상담 서비스

★ 안전 및 응급 서비스 : 응급상황 발생 시
긴급 후송 서비스

★ 기타 각종 전용강좌, 동호회, 문화센터, 스포츠센터, 여행 등의 프로그램이 있다.

이 정도 되면 그야말로 '럭셔리' 한 노후생활을 보낼 수 있지 않을까. 필자도 얼마 전 이곳을 방문한 적이 있는데 시설의 호화로움은 물론 다양한 편의 서비스에 감동을 받았다. 시설과 서비스도 중요하지만 입주민을 위한 다채로운 프로그램에 특히 감동했는데, 실버세대에게 꼭 필요한 건강관리 서비스로는

★ 건강 시 : 개인 건강 체크 및 운동 처방

★ 급성질환 시 : 실버타운 내 병원 치료 및 대형병원
연계 진료

★ 만성질환 시 : 의료 및 간호, 재활치료,
일상 생활보조 등이 있다.

여기에 심심한 노후기를 즐겁게 보낼 수 있는 여러 가지 다양한 프로그램이 있다. 마음이 맞는 친구들과 함께 즐길 수 있는 프로그램들이다.

〈 표 : 실버타운 주간 일정표 〉

구분	월	화	수	목	금	토
전용강좌 및 동호회	14:00 게이트볼 / 16:00 노래교실	10:00 인터넷교실 / 14:00 그림그리기 / 19:30 노래교실	09:00 배드민턴 / 14:00 당구 / 18:30 게이트볼	07:00 골프동호회 / 10:30 종이접기 / 14:00 바둑동호회	10:00 다큐세상 / 13:00 인터넷교실 / 19:00 음악감상	10:00 탁구동호회 / 10:00 인터넷교실
문화센터 강좌	10:00 단전호흡 / 14:30 한국무용A / 16:00 스포츠댄스	14:30 한국무용B / 16:30 스포츠댄스	14:10 실버댄스 디스코	10:00 한문서예	10:00 한글서예 / 10:30 한지공예 취미교양실	
이벤트	14:00 윷놀이대회 / 19:00 영화상영	09:00 건강교실 / 17:30 작은음악회	14:00 영화상영 / 17:30 음악회	19:30 공연관람	19:30 초청음악회	14:00 영화상영 / 19:00 초청음악회

※ 상기일정 이외 각종 스포츠 강좌 및 전시회, 해외여행 등 선택 가능

　　사람은 나이가 들어갈수록 외로워진다고 한다. 실버타운의 가장 큰 장점이 바로 '마음이 맞는 사람들과 함께 늙어가는 것'이라고 하는데, 필자도 열심히 인생을 살고 노후기에는 사랑하는 배우자와 함께 실버타운에서 여생을 보내고 싶은 생각이 굴뚝 같이 든다. 우리나라도 고령화가 진전되면서 여러 종류의 실버타운들이 많이 건설될 예정인데, 문제는 이 정도의 서비스를 받으려면 상당한 비용이 든다는 것이다. 시설이 좋을수록 비용이 더 들기 마련인데, 'N' 실버타운의 경우 보증금으로 수억 원, 생활비로 매월 몇 백만

원 정도가 필요하다고 한다.(평형에 따라 차등)

보증금은 살고 있는 집으로 해결한다 하더라도 매월매월 나가는 생활비가 만만치 않다. 언제까지 살 지 모르고 생활비 또한 매년 인플레이션이 반영되어 점점 인상되기 때문이다. 따라서 여생을 실버타운에서 안락하게 보내고 싶으면 한 살이라도 젊을 때 연금소득을 많이 준비해야 한다. 연금은 한 번 개시하면 평생 지급하므로 기간의 걱정이 없고, 일찍 준비할수록 많은 금액을 수령할 수 있어 실버타운 생활비로 쓰기 적합하기 때문이다. 여기에 매월 나오는 국민연금을 '용돈'으로 활용하면 실버타운에 찾아오는 손자들 용돈도 해결할 수 있다. 편안하고 럭셔리한 노후, 실버타운을 적극 추천한다.

◉ 실버 자산관리 10대 포인트를 정리하며…

지금까지 실버 자산관리의 10가지 포인트에 대해 알아보았다. 사실 자산관리는 자산의 많고 적음에 상관없이 누구에게나 필요한 프로그램이지만, 그래도 어느 정도 금융자산을 보유하고 있어야 본격적인 설계 및 운용이 가능하다.

이미 부자의 반열에 올라섰거나 적어도 수억 원 이상의 금융자산이 있으면 전문가에 의한 자산관리를 통해 매년 순자산을 늘려 갈 수 있으나 대다수 5060세대의 경우는 주택마련과 자녀 교육비 등으로 인해 본격적인 자산관리를 시행하기엔 한계가 있다.

따라서 '실버 자산관리 10대 포인트'는 10가지 중에서 적어도 2~3가지만 제대로 실천하면 편안한 노후생활을 보낼 수 있다는데 초점을 맞추고 있다. 물론 이 점은 부자들도 예외는 아니다. 눈에 보이는 재산은 언제 어떤 경로로 사라질지 알 수 없는 게 인생이기 때문이다. 그래서 수명 100세의 노후가 눈앞에 와 있는 실버세대는 먼저 자산관리 10대 포인트에 대해 점검해 보고 계획을 세워야 한다. 미래는 불확실하다는 특성이 있으므로 안정적 노후생활 기반을 먼저 확립해 놓고 그 다음에 자산관리를 진행하는 것이 순서다. 젊은 세대에 비해 판단력과 정보력이 뒤처지는 실버세대가 2040세대처럼 똑 같이 투자한다고 해서 승리할 확률은 그리 높지 않기 때문이다.

저축에서 투자의 시대로 넘어 가면서 5060세대에게도

앞으로 많은 기회가 있다. 자산관리는 살아 있는 마지막 순
간까지 필요하므로 투자의 기회를 잘 활용한다면 적은 금
액으로도 안정적 노후기반을 충분히 마련할 수 있다.

　이 글을 읽는 독자께서 실버 자산관리 10대 포인트를 충
실히 준비해서 앞으로 10~20년 후에 환하게 웃으며 노후
생활을 즐기는 모습을 기대해 본다.

4장
나만의 맞춤형
은퇴계획

4장

나만의 맞춤형 은퇴계획

1. 나만의 맞춤형 은퇴계획이란?

대한민국 국민에게는 군부 독재시대를 거치면서 '획일
적 학습문화'라는 것이 존재하고 있다고 한다. 어느 특정
사안에 대해 대다수 국민들이 비슷한 생각을 하는 것을 말
하는데, 필자가 수많은 상담을 하면서 "노후기에 현재 가치
로 매월 어느 정도의 생활비가 필요하다고 생각하십니까?"
고 질문하면 거의 대다수가 "매월 200만 원 정도면 되지 않
을까요?"라고 답했다. 물론 주택이 있다고 가정하고 현재
가치로 매월 200만 원 정도면 충분할 수 있다. 하지만 사람
은 개개인의 생김새가 다르듯이 씀씀이 또한 다르게 마련

이다. 남이 200만 원 쓴다 하더라도 나는 300만 원을 쓸 수도 있고, 100만 원으로 충분할 수도 있는 것이다.

'나만의 맞춤형 은퇴계획'이란 내 라이프 스타일을 감안했을 때 과연 어느 정도의 생활비가 필요한지 계산해 보고, 인플레이션을 감안했을 때 부족한 자금은 얼마인지, 부족한 자금을 어떻게 준비할 것인지를 지금 시점에서 검토하고 실행에 옮기는 계획을 말한다. 요약하면 '평생 돈 걱정 안 하는 나만의 은퇴계획'이라고 할 수 있다.

'나만의 맞춤형 은퇴계획'이 필요한 이유로는

첫째, 수명 100세 시대의 노후기를 '어떻게 되겠지'라는 막연한 생각으로는 절대 해결할 수 없다는 점과, 둘째, 노후기에 돈이 없으면 부모세대는 물론 자녀세대까지 빈곤의 늪으로 빠트릴 수 있다는 점, 셋째, 저축에서 투자의 시대로 전환되면서 5060세대도 얼마든지 풍요로운 노후를 준비할 수 있다는 점, 넷째, 위 세 가지 이유로 '노후준비는 늦었다고 생각할 때 준비해도 늦지 않다'는 점을 들 수 있다.

그럼, 지금부터 노후기 돈 걱정 없는 '나만의 맞춤형 은퇴계획'을 시작해 보자.

2. 은퇴설계 고려사항

나만의 은퇴설계시 반드시 고민해 봐야 하는 고려사항으로는 다음과 같은 세 가지가 있다.

① 육체적 은퇴 vs 정신적 은퇴

은퇴에는 '육체적 은퇴'와 '정신적 은퇴'의 두 가지가 있다. 나이가 들어 현역에서 은퇴하는 것을 '육체적 은퇴'라 하고, 더 나이가 들어 판단력과 기억력이 감퇴하면서 세상사에서 은퇴하는 것을 '정신적 은퇴'라고 한다. 보통 건강하게 노후기를 보낼 수 있는 60대 초반에서 중반까지를 육체적 은퇴시기로, 혼자서 거동하기 불편할 정도로 체력과 정신력이 떨어지는 70대 초반에서 중반까지를 정신적 은퇴시기로 간주한다. 이 은퇴 시기는 2007년 현재 기준이며, 의학기술의 발달과 고령화로 인해 앞으로 점점 늦춰질 것으로 예상된다.

노후를 준비하는 5060세대에게 있어 가장 중요한 화두는 '무엇을 하며 여생을 보낼까'라고 한다. 육체적 은퇴 이후 정신적 은퇴 시기까지는 비교적 건강하게 활동할 수 있기 때문에 직업을 계속 갖거나 아니면 다른 사회활동을 해야 한다. 건강한 분들의 경우는 70세가 넘어서도 계속 일하는 분들도 많다. 일을 계속 해야 밥맛도 나고 더 건강한 삶을 살 수 있기 때문이다.

따라서 은퇴설계시 최우선적으로 고민해야 할 부분은 '언제까지 일할 것인가'와 '정신적 은퇴시기인 70대 초반까지 무엇을 하며 여생을 보낼 것인가'이다. 첫째 질문은 '현업을 언제까지 계속 할 수 있는지'로, 둘째 질문은 '현업 은퇴 이후 무엇을 할 것인지'로 정리할 수 있다. 이 두 가지 질문에 대해 최대한 구체적인 답변을 할 수 있어야 한다. 자고 일어나면 한 살이 지나가므로 하루라도 젊을 때 미래의 계획을 세워야 한다.

현업에서 일할 수 있는 시간이 길수록 적은 돈으로 노후준비를 충실히 할 수 있으며, 현업 은퇴 이후에도 경제력을 유지할 수 있으면 마찬가지로 더 풍요로운 노후를 준비할 수 있다.

이 글을 읽는 독자께서는 충분히 시간을 갖고 내 미래의 모습을 그려 보길 기원한다.

② 인플레이션

　은퇴설계시 가장 중요한 부분이 바로 '인플레이션' 이다.
우리나라의 물가상승률은 같이 고령화를 맞이하고 있는 다
른 선진국보다 훨씬 높다. 2007년 현재 자장면 값은 평균 4
천 원대이나 10년 전인 1997년도에는 평균 2천 원대였고,
20년 전인 1987년도에는 1천 원을 밑돌았다. 택시비나 지
하철 요금도 별반 다르지 않은데 10년 마다 평균적으로 두
배씩 물가가 상승했다고 생각하면 된다. 이처럼 높은 물가
상승률은 수명 100세 시대를 준비해야 하는 5060세대에게
특히 치명적이다. 젊은 세대는 준비할 시간이라도 있지만
경제력이 떨어지는 5060세대는 현재 보유한 자산을 잘 관
리하는 방법 말고는 여력이 별로 없기 때문이다. 따라서 전
문가에 의한 자산관리가 필수적이다. 저축에서 투자의 시
대로 넘어가면서 체계적으로 자산을 운용하면 인플레이션
이상의 수익률을 충분히 달성할 수 있다. 어느 정도 자산을
보유한 분들은 이 책의 2장인 '실버 자산관리 소개'를 다시
한 번 탐독해 보고 실천에 옮기시길 권해 드린다.

　인플레이션은 매년 복리로 늘어나는 특성이 있다. 10년
동안 2억 원을 썼다면 그 다음 10년은 4억 원이 소요되고,

그 다음 10년은 8억 원이 소요되는 식이다. 따라서 나만의 은퇴계획을 세울 때는 인플레이션 대비 어느 정도의 노후자금이 필요한지 정확히 계산해 보고 준비해야 더 나이 들어서 돈 때문에 스트레스 받는 일이 없을 것이다.

③ 요구수익률

재무용어에 '요구수익률'이라는 단어가 있다. 요구수익률(Required Rate of Return)이란 '현재 투입하는 자금으로 목표금액을 달성하기 위해 필요한 최소한의 수익률'을 말한다. 은퇴설계에서는 '현재 보유자산 및 저축여력으로 인플레이션이 반영된 총 노후자금을 해결하기 위해 필요한 연복리 수익률'로 정의할 수 있다. 개인별로 노후기에 필요한 총 노후자금이 틀리고 연령에 따라 인플레이션을 반영한 금액도 다르며, 보유하고 있는 자산규모와 저축여력 또한 다르기 때문에 요구수익률 또한 개인별로 달라지게 된다. 요구수익률 계산은 복리계산이 필요한 관계로 일반계산기로는 불가능하고 전문가용 재무계산기를 활용해야 구할 수 있다.

개인별로 요구수익률이 구해지면 '나만의 맞춤형 은퇴

계획'이 명확해 진다. 도출된 요구수익률만 충족시킬 수 있다면 현재의 자산과 저축여력으로 '인플레이션이 반영된 총 노후자금'을 해결할 수 있기 때문에 노후기의 돈 걱정에서 해방될 수 있다. 즉, 돈으로부터 자유로운 인생이 가능해 지는 것이다. '부자는 부자대로 노후를 즐기면서 자산을 늘려가고, 일반인은 일반인대로 노후기에 돈 걱정을 하지 않고 여생을 즐길 수 있는 것.' 이것이 바로 요구수익률에 입각한 실버 자산관리의 핵심 컨셉이다.

3. 나만의 맞춤형 은퇴계획 수립

나만의 맞춤형 은퇴계획은 아래와 같은 5단계의 순서로 진행된다. 독자 여러분께서도 각 단계별로 직접 계산해 보며 나만의 은퇴계획을 세워 보길 기원 드린다.

① 은퇴 후 필요자금 계산

육체적 은퇴 후에는 '무엇을 하며 여생을 보낼 것인지' 가 가장 중요하다. 아직 건강 면에서 활발하게 움직일 수 있으므로 오래 사는 인생 이모작 시대에 어떤 일을 할 것인지 고민해야 한다. 근로자로 계속 일하기엔 여러 모로 제약이 많으므로 보통 창업을 많이 선택하는데 내가 하고 싶은 업종에 따라 창업비용도 틀리지만 웬만한 창업의 경우 상당액의 목돈이 필요하다. 따라서 은퇴 후 필요자금 계산에서 제 1순위는 '은퇴 후 창업자금' 이라고 할 수 있다.

창업자금에 이어 노후생활비, 긴급의료비, 자녀 결혼비용(출가 전 자녀의 경우), 기타 목적자금의 순으로 필요자금을 계산해 보면 된다. 아래의 표를 보면 기준금액과 필요금액으로 나뉘어 있는데, 일반적 필요금액을 기준금액으로 참고 해서 내 눈높이에 따라 필요금액을 적어 보면 된다.

은퇴 후 필요자금

필요자금	세부내용	기준금액	필요금액
① 창업 자금	▶ 은퇴 후 창업자금	2억 원	
② 노후생활비 (60세 정년퇴직, 85세까지 25년 가정)	▶ 기초생활비: 매월 150만 원×25년 ▶ 여가활동비: 매월 20만 원×25년 ▶ 의료비: 매월 10만 원×25년 ▶ 경조사비: 매월 10만 원×25년 ▶ 외식비: 매월 10만 원×25년 ▶ 국내여행비: 년 100만 원×25년 ※ 매월 200만 원, 연 2,500만 원	7억 5천만 원	
③ 긴급의료비	▶ 중대질병 치료비	3천만 원	
④ 자녀결혼자금 (자녀 1인당)	▶ 결혼비용	5천만 원	
⑤ 기타 목적자금	▶ 각종 경조사 및 해외여행 자금	2천만 원	
합 계		10억 5천만 원	

② 인플레이션 반영

은퇴 후 필요자금이 도출 되었다면 두 번째 단계로 인플레이션을 반영해 줘야 한다. 부존자원이 거의 없는 무역국가인 대한민국은 유가나 환율, 각종 원자재 가격 등으로 인한 인플레이션 압력이 높은 나라이다. 참고로 전문가들이 추정하는 인플레이션은 약 6%대이나, 노후자금은 20~30년 후에 한꺼번에 쓰는 것이 아니라 매년 계속 쓰는 돈이므로 반으로 할인해서 3% 정도를 반영해 주면 적정하다고 판단된다.

또한 일반적으로 나이가 많아질수록 소비도 줄어드는 경향을 보인다. 특히 인생회고기가 시작되는 70대 중후반부터는 외부활동 자체가 어려워지므로 생활비만 감안하면 될 것이다. 따라서 인플레이션은 소비 감소를 고려해서 60세부터 75세까지 대략 15년 정도를 반영해 주면 큰 무리 없이 노후생활을 영위할 수 있다.

예를 들어 은퇴 후 필요자금이 기준금액처럼 10억5천만 원이었다고 가정하면, 이 금액에 대해 15년간 3%의 인플레이션을 적용하면 약 16억 원이 된다. 즉, 현재 시점에서 16억 원 정도를 보유하고 있으면(주거용 부동산 제외), 평생 풍요롭고 안정적인 노후생활을 영위할 수 있다는 뜻이다. 개인별로 눈높이에 따라 은퇴 후 필요자금이 각각 차이가 나므로 구체적으로 나에게 필요한 인플레이션이 반영된 총 필요자금을 계산해 보고 그에 맞게 준비를 하면 된다.

③ 현재 준비자금 체크

세 번째 단계는 노후를 위해 현재 준비된 자금을 체크해 보는 것이다. 준비자금 계산 시 두 가지 고려사항이 있는데, 첫째는 주거용 부동산은 제외해야 한다는 것이다. 물론 나중에 평형을 줄이거나 외곽지역으로 이사해서 노후자금을 추가로 마련할 수 있겠지만 고령화에 따른 부동산의 변동성을 감안해서 일단 배제한 상태로 준비자금을 계산하는 것이 필요하다. 둘째는 국민연금인데 국민연금은 매년 인플레이션을 반영해 주지만 금액 자체가 미미하므로 용돈 개념으로 생각하는 것이 풍요로운 노후에 보탬이 된다. 국민연금에 의존해 노후생활을 하게 되면 삶의 질이 매우 팍팍해 지기 때문이다.

따라서 현재 보유하고 있는 상업용 부동산과 퇴직금, 금융자산 정도가 준비자금에 해당된다. 상업용 부동산은 현재 가치와 매월 나오는 임대소득을 더해서 계산하면 되고, 퇴직금은 예상 퇴직 시기에 따른 퇴직금을 감안하면 된다. 금융자산은 예·적금과 채권, 주식(펀드 포함) 등의 합계액 과 개인연금의 경우 예상연금액 곱하기 예상수령기간의 합 계액을 더하면 된다.(개인연금 종신형의 경우 기대여명인 85세까지로 계산) 이렇게 더하여진 금액의 합계가 현재 노 후를 위해 준비하고 있는 준비자금이 된다.

④ 부족자금 계산

1단계와 2단계를 통해 계산된 '은퇴 후 인플레이션이 반 영된 필요자금'에서 3단계의 '준비자금'을 빼면 '부족자 금'이 도출된다. 일반적으로 앞으로의 씀씀이는 예측하기 어렵기 때문에 은퇴 후 필요자금은 '최소 필요자금'이라고 하고, 준비자금은 현재 준비하고 있는 '최대 준비자금'이라 고 표현한다. '최소 필요자금'에서 '최대 준비자금'을 뺀 금액이 '부족자금'인데 개인별로 차이가 있지만 보통 3억 원에서 5억 원 정도가 산출된다.

즉, 5060세대의 대다수가 이 정도 금액이 부족하다는 뜻 인데, 고령화 추이를 감안한다면 부족자금은 더 커지게 된다. 그나마 준비할 시간이 어느 정도 있는 50대는 좀 낫지만 노후가 눈앞에 있는 60대의 경우는 부족자금이 큰 고통으로 다가올 수 있다. 따라서 60대의 경우는 남아 있는 근로여력을 최대한 활용해서 준비자금을 늘려야 한다. 우리나라보다 고령화가 진전된 일본에서는 노후준비 슬로건이 '평생 현역'이라고 한다. 노후준비가 부족하다고 느끼는 5060세대는 인생을 좀 더 길게 보고 근로여력을 최대한 활용해서 부족자금을 줄이는 노력이 필요하다.

⑤ 요구수익률에 따른 금융상품 선택

노후설계에서 요구수익률이란 '현재 보유자산 및 저축여력으로 인플레이션이 반영된 총 노후자금을 해결하기 위해 필요한 연복리 수익률'로 정의할 수 있다. 노후 준비가 어느 정도 해결되어 있는 분들을 제외하고는 요구수익률이 높을 수밖에 없는데 준비 기간에 따라 차이가 나지만 필자가 상담한 사례를 정리해 보면 보통 연 10~15% 정도가 산출되었다. 즉, 내가 보유한 자산과 저축금액이 매년 10%에서 15% 정도의 수익률로 최소 10년 이상 나야만 내가 필요로 하는 노후자금을 어느 정도 해결할 수 있다는 뜻이다.

현재 은행의 금리를 고려해 보면 이 정도 수익률은 거의

불가능에 가깝다. 따라서 5060세대도 수익률을 높일 수 있는
금융상품에 투자할 필요성이 있다. 수익률을 높일 수 있는
투자수단은 부동산을 제외하고는 주식 밖에 없는데 실버세
대가 주식에 투자하기란 여간 어려운 게 아니다. 주가의 출
렁거림에서 오는 정신적 고통을 극복하기 어렵기 때문이다.

　따라서 수 천 가지의 펀드 중에서 필자가 권해 주고 싶은
상품은 보험회사 연금펀드이다. 연금펀드의 속성 자체가
안정적 노후준비에 맞추어져 있고 주식 50%, 채권 50%의
구조로 되어 있어 주가의 출렁거림을 극복하고 안정적 고
수익을 낼 수 있기 때문이다. 5060세대도 남은 준비기간을
'백만장자 프로젝트'에 집중 투자한다면 적은 금액으로도
풍요로운 노후를 준비할 수 있다고 확신한다.

　지금까지의 5단계를 정리해 보면 다음과 같다.

나만의 맞춤형 은퇴계획 프로세스

구 분		세부내용	금 액
1단계	은퇴 후 필요자금	은퇴 후 창업자금 노후생활비 긴급 의료비 자녀 결혼자금 기타 목적자금	
2단계	인플레이션 반영	15년간 3% 반영	
3단계	현재 준비자금	수익성 부동산 및 임대료 예상 퇴직금 금융자산(예금, 채권, 주식) 개인연금(예상연금액×기간)	
4단계	부족자금 산출	필요자금 – 준비자금	
5단계	요구수익률 산출 및 금융상품 선택	부족자금을 해결할 수 있는 연복리수익률 및 상품	

4. 계획 vs 실천

성공하는 시간 관리의 격언에 '중요한 일'과 '급한 일'을 구분하라는 말이 있다. 노후준비 또한 여기에 해당되는데, 누구나 노후준비가 중요하고 꼭 필요하다는 것을 알고 있지만 대부분의 사람들이 정작 눈앞의 급한 불만 끄다 보니 세월만 지나가고 나중에 크게 후회하게 된다. '나만의 맞춤형 은퇴계획'도 마찬가지다. 이 책을 읽으면서 공감하고 계획을 세워도 실행에 옮기지 않으면 도로아미타불인 것이다.

따라서 노후준비가 부족하다고 느끼는 5060세대는 '지출 우선순위'를 세울 필요가 있다. 지출 우선순위란 매월 나가는 지출에 대해 중요도에 따라 순서를 매기는 것을 말하는데, 고령화 시대의 노후준비가 중요하다고 느낀다면 제일 먼저 노후준비를 지출하고 남은 금액으로 알아서 생활하자는 것이다. 저축도 쓰고 남은 금액으로 하면 성공하지 못하는 것처럼 노후준비도 일단 먼저 지출해야 남보다 풍요로운 삶이 보장된다.

필자가 상담한 5060세대의 상당수가 노후준비에 대해 이미 늦었다고 생각하는 분들이 많았는데, 저축에서 투자의 시대로 전환하고 있는 지금 이 시기를 감안해 보면 '노후준비는 늦었다고 생각할 때 준비해도 절대 늦지 않다' 라는 것을 강조하고 싶다. 무속인이 말하는 가장 운 좋은 사람이 바로 '말년 운' 이 좋은 사람이라고 하는데, 이 책을 읽는 지금 이 순간 전문가와 함께 노후준비를 시작해 보자. 하루라도 빨리 준비할수록 그만큼 '말년 운' 은 좋아지게 된다.

5장
부자가문 만들기
프로젝트

1. 부자가문 프로젝트 1단계 : 유태인 벤치마킹

2. 부자가문 프로젝트 2단계 : 상속 및 증여

3. 부자가문 프로젝트 3단계 : 우리 손자 부자 만들기

4. 부자가문 프로젝트 4단계 : 노블리스 오블리제(Noblesse Oblige)

5장

부자가문 만들기 프로젝트

'부자는 3대를 못 간다' 라는
속담이 있다. 재산은 모으기도 힘들지만 지키기가 더 힘들
다는 뜻인데, 실버 자산관리의 최종 목표 또한 '대를 이어
풍요로운 삶' 을 유지하는 것이라고 할 수 있다. 유럽이나
미국 등 선진국의 사례를 보면 유력한 명문가문의 후예들
이 지금도 정재계 전반에 걸쳐 영향력을 행사하고 있다고
한다. 그렇다면 조선시대 같은 신분제도가 아닌 자본주의
사회에서의 명문가문은 어떤 기준일까?

일단 최우선적으로 자본주의 사회에서는 자본이 있어야
명문가문에 낄 수 있다. 경제력이 뒷받침 되지 않으면 아무

리 다른 조건이 좋아도 명문가문의 반열에 오를 수 없기 때
문이다. 따라서 필자의 생각은 '명문가문'에 앞서 '부자가
문'부터 만들어야 한다는 것이다. '부자가문'의 기틀을 닦
은 후에 세대를 이어 가며 가문의 철학을 만들면 언젠가는
'명문가문'으로 발돋움 할 수 있다.

　호랑이는 죽어서 가죽을 남기고 사람은 죽어서 이름을
남긴다고 했다. 자자손손 대대로 이름을 남길 수 있는 '부
자가문' 프로젝트를 시작해 보는 것을 제안한다.

1. 부자가문 프로젝트 1단계
– 유태인 벤치마킹

전 세계에서 가장 부자민족은 '유태민족'이라고 한다. 유태민족은 역사적으로 매우 큰 시련과 고통을 겪어 왔는데 오늘날 어떻게 세계 제일의 부자민족이 되었을까? 유태인이 소수민족임에도 불구하고 세계 제일의 부자민족이 된 이유는 타고난 근면성과 높은 교육열, 민족 간의 끈끈한 유대관계 등이 있었지만 크게 두 가지의 노력이 바탕이 되었다고 한다.

첫째는 어려서부터의 경제교육이다.

사실 필자도 결혼할 때까지 부모님께 용돈을 받아썼는데, 그게 가장 큰 효도라고 생각했지만 지금 돌이켜 보면 너무 늦게 자본주의 논리를 깨닫게 된 것 같아 아쉬울 때도 있다. 만약 어려서부터 경제에 대한 관념과 돈에 대한 철학을 배울 수 있었다면 사회에 나가서도 훨씬 빨리 재정적 성공을 이룰 수 있었을 것이다.

유태인들은 자녀가 철이 들 무렵부터 노동에 대한 대가

를 경험하게 해 주고 돈에 대한 소중함을 일깨워 줘서 자녀가 사회인이 될 시점에는 훌륭한 경제인을 만들어 낸다고 한다. 여기에 자녀가 어릴 때부터 사회출발용 자금을 준비해 줘서 사회생활을 시작할 무렵부터 자산관리에 대한 뒷받침을 해 주는 것이다. 이 내용을 좀 더 확대한 것이 '우리 손자 부자 만들기'인데 자세한 내용은 3단계를 참고하면 된다.

둘째는 종신보험을 최대한 활용했다는 것이다.

종신보험은 사망의 종류와 상관없이 반드시 보험금이 지급되는 보험을 말한다. 필자가 아는 분 중에 강남 테헤란로에 오피스빌딩 2채를 갖고 있는 분이 있는데, 수천 억 원대 자산가인 이 분이 출근하면 제일 먼저 하는 일이 있다. 이 분에게는 아들이 두 명 있는데 여직원을 시켜서 자녀 앞으로 각각 매일 만 원씩을 입금한다. 이른바 '통장편지'라는 것인데 이 분이 어느 날 문득 그런 생각이 들었다고 한다.

자신은 재산을 모으면서 고생도 많이 해 봤고 돈에 대한 의미와 소중함을 알고 있지만, 자녀들은 태어날 때부터 제일 좋은 집에서 제일 좋은 환경에 친구들 또한 비슷한 부류와 어울리다 보니 돈에 대한 개념이 없어서 '나중에 내 사후에 어떻게 될까' 라는 걱정이 들더라는 것이다. 그래서 아버지로서 자녀를 사랑하는 마음을 담아 매일 통장편지를 쓰게 되었는데, 은행 통장을 보면 적요 란에 8글자까지 쓸 수 있다고 한다.

'사랑하는 큰 아들에게. 아빠가 이 편지를 쓰게 된 이유는…'

언젠가 아들들이 자라서 사회생활을 시작할 때 통장편지를 전달할 계획이라는 이 분은 두 아들 앞으로 각각 수십 억 원의 종신보험도 가입하고 있었다. 만약 여러 가지 변수로 인해 현재의 재산이 다 사라지더라도 아버지가 남긴 보험금으로 다시 일어서길 기원하는 마음을 담아서…

돈은 다 똑같은 모양이지만 그 의미는 각각 틀리다. 예를 들어 복권에 당첨된 돈과 부모가 사망하면서 남긴 보험금은 그 액수가 같다고 하더라도 자녀들에게 하늘과 땅 차이만큼의 의미가 있을 것이다. 그래서 할아버지가 가입할 수 있는 최대한의 보험금을 남겨 주면 아버지는 그 자금을 바탕으로 열심히 노력해서 보험금을 최대한 키운다. 마찬가지로 아버지가 사망하면 아들은 보험금을 바탕으로 더 노력해서 손자에게는 더욱 큰 보험금을 남겨 줄 수 있다. 이렇게 몇 세대가 지나가면 무조건 부자가 될 수밖에 없고 여기에 어릴 때부터의 경제교육이 가미되면 소위 말하는 '명문가문'이 되는 것이다.

참고로 필자의 경우도 약 40억 원 정도의 보장자산을 갖고 있다. 경제능력에 따른 리스크 관리 차원도 있지만 궁극적으로는 필자의 두 아들이 아버지의 뜻을 이어 받아 부자가문을 만들고 나아가 가문의 철학을 만들어 자자손손 명문가문으로 성장했으면 하는 바람이 더욱 크다. '돈으로 사랑을 살 수는 없지만 돈에 사랑을 담을 수는 있는 것처럼…'

2. 부자가문 프로젝트 2단계
– 상속 및 증여

부자가문을 만들고 육성하는 과정에서 가장 큰 걸림돌이 바로 세금 문제이다. 현재의 상속 및 증여세법은 십 수 년 동안 국가경제 및 자산가치의 상승에도 불구하고 현행 골격을 유지하고 있어 다른 선진국 대비 지나치게 과중하다는 비판이 있다. 지금 시점에서 세제의 형평성을 논하자는 것은 물론 아니다. 다만 합법적으로 세금을 줄일 수 있다면 부자가문을 만드는데 더욱 도움이 된다는 뜻이다.

현행 세법 하에서는 모든 유무형의 자산이 상속재산으로 간주된다.(상속세 계산표 참조) 상속 및 증여 시 과세기준은 시가평가를 원칙으로 하되 시가평가가 불가능할 경우 보완적 방법으로 현가평가를 하도록 되어 있다. 부동산이나 예금, 주식, 채권 등은 시가평가가 가능하므로 고율의 세금에서 피할 방법이 거의 없다. 상속세는 상속시점부터 6개월 이내에 납부해야 하는데, 특히 부동산의 경우 고액의 물건은 쉽게 팔리지 않는다. 그래서 부동산 위주로 자산을 보유하고 있다 불시에 상속이 개시되면 급매로 팔다 보

상속세 계산표

◉ 상속세 납부 자산 부동산, 현금 및 유가증권 등 일체의 동산, 지적재산권, 저작권, 골동품 등 모든 유무형의 자산

◉ 납부기한 상속이 발생한 시점부터 6개월 이내

◉ 상속, 증여세 세율표

과세표준	세율	세액
1억 원 이하	10%	–
5억 원 이하	20%	1억까지 1천만 원 + 1억 초과액×20%
10억 원 이하	30%	5억까지 9천만 원 + 5억 초과액×30%
30억 원 이하	40%	10억까지 2억4천만 원 + 10억 초과액×40%
30억 원 초과	50%	30억까지 10억4천만 원 + 30억 초과액×50%

◉ 상속세 계산표

구분	세부내용	금액
❶ 부동산	–부모님 명의의 모든 부동산(공시지가)	
❷ 동산	–현금, 예금, 주식, 채권 등 일체의 동산	
❸ 기타자산	–지적재산권, 저작권, 골동품 등	
❹ 일반공제	–객관적인 채무 –장례비(5백만 원~1천만 원) –금융자산 : 20%(2억 원 한도) –배우자공제 : 5억 원	
❺ 일괄공제	–기초공제 : 2억 원 –인적공제 : 자녀, 60세 이상 부모님 각 3천만 원 ※기초, 인적공제 합쳐서 5억 원 공제	

◉ 상속세 계산방법

상속자산(❶+❷+❸) - 공제(❹+❺) = 실 상속자산 × 상속세율 = 납부 상속세

니 제 가격을 받기 어렵고, 여기에 세금마저 떼면 부자 아버지가 가난한 아들로 바뀌는 경우도 심심찮게 발생하는 것이다.

따라서 상속은 미리 준비하는 것이 원칙이다. 상속시점부터 10년 이내에 증여한 자산은 상속자산으로 간주 되어 상속세를 추가로 내야 하기 때문이다. 상속컨설팅에서 필자가 주로 제안한 내용은 크게 두 가지로 첫째는 종신보험을 통한 상속세 납부 재원을 마련하는 것이다. 종신보험의 사망보험금은 언젠가는 반드시 지급되므로 보험금으로 상속세를 내고 자산을 명의이전 할 수 있다. 적은 보험료로 큰 보험금을 받는 구조이므로 나이가 젊을수록 더 유리하나 보험금도 상속자산으로 합산되기 때문에 일정 수준 이상의 자산가에게는 큰 도움이 되지 않을 수도 있다.

둘째는 연금 상속이다. 자녀를 피보험자로 하고 계약자, 수익자를 부모로 하는 연금계약을 체결하면 부모가 평생 연금을 수령하다 상속이 개시되면 피보험자가 자녀이므로 시가평가를 할 수 없게 된다. 연금은 피보험자의 평생 동안 지급되기 때문이다. 그래서 현행 세법상 앞으로 받을 연금

액에 대해 연 6.5%의 이율로 선할인을 해서 과표를 산정
하게 되는데(자녀 나이 75세 기준), 이런 식으로 하면 상속
자산이 압축되는 효과가 있어 세금을 많이 줄일 수 있다.
자녀의 입장에서는 100세까지 살아도 본인에게 평생 일정
액의 연금이 매월 지급되므로 부모님의 사랑을 여러 용도
에 활용할 수 있다. 다만 이 방법은 자녀의 나이가 45세 이
상일 경우 가능하며, 자녀가 어린 경우는 연금의 최저 지급
보장기간인 20년을 활용해서 상속자산을 압축시키는 방법
을 써야 한다.

상속에 이어 증여 또한 자산가들의 공통된 관심사이다.
현행 세법상 미성년자는 10년에 1천5백만 원까지, 성년
자는 10년에 3천만 원까지 증여세를 면제해 주고 있는데,
금액 자체가 미미하므로 증여세 납부를 각오하고 증여계
획을 세워야 한다. 그런데 증여세는 증여받는 사람이 납
부하게 되어 있어 미성년의 경우는 소득세 납부 실적이
없다 보니 증여세에 대한 증여세를 또 내야 하는 경우가
발생할 수 있다. 따라서 증여계획이 있는 분들은 사전에
전문적인 상담을 거친 후 실행에 옮겨야 불의의 세금폭탄
을 피할 수 있다.

일반적으로 가장 좋은 증여의 방법은 상가 같은 상업용 부동산을 부담부 증여(대출을 끼고 증여하는 것)한 후, 매월 나오는 임대소득으로 대출 상환 및 적립식 투자를 통해 자녀의 자산을 형성하는 것이다. 하지만 이 방법은 상당액의 목돈이 필요하고 최근 들어 국세청에서 부담부 증여를 인정하지 않는 경우가 많아 증여세의 부담이 크다는 단점이 있다.

또 다른 증여의 방법으로는 주식이 있다. 주식 매매 차익은 비과세되므로 이 장점을 활용해서 저평가된 주식 또는 향후 성장 가능성이 높은 주식으로 증여를 하면 나중에 자녀가 성장했을 때 대규모 차익을 남길 수 있다. 다만 비상장주의 경우는 국세청 전산망에 의한 시가평가로 인해 증여세 과표가 높고 매매차익 또한 과세되므로 주의할 필요가 있다.

최근 들어 증여에 대한 관심이 높아지면서 자녀가 태어나자마자 비과세 규정을 활용해 적립식으로 증여하는 경우가 늘고 있다고 한다. 적립식 투자의 수익효과(Cost Averaging, 평균매입비용 감소효과)는 기간이 길수록 기하급수적으로 커지는 특성이 있는데 자녀가 어릴 때부터 적은 금액으로 증여를 해도 나중에 성인이 되면 상당한 규모의 자산을 형성할 수 있다.

상속 및 증여에 대한 부분은 짧은 지면에서 자세히 소개하기는 어려우므로 필요성을 느끼는 분들은 전문가를 통한 상담을 받으시길 권해 드린다. 부자가문 프로젝트는 대를 이어 부자가문을 육성하는 것이므로 상속 및 증여를 적극 활용하는 것이 필요하다.

3. 부자가문 프로젝트 3단계
- 우리 손자 부자 만들기

실버세대의 경우는 자녀들이 이미 어느 정도 성장했기 때문에 자녀보다는 손자, 손녀에게 증여하자는 것이 '우리 손자 부자 만들기 프로젝트' 이다. 즉, 손자들이 어릴 때 할아버지, 할머니가 정성을 담아 준비를 하면 나중에 손자들이 성장해서 경제적으로 독립할 시기가 되면 종자돈이 형성된다. 이러한 경제적 바탕으로 인해 3세대, 나아가서는 후손들까지 명문가문으로 성장하고 정착할 수 있을 것이다. 흔히 눈앞의 재산은 훅하고 불면 언제 날아갈지 모른다고 한다. 그만큼 인생에는 여러 가지 리스크가 발생할 수 있는데, 이런 위기를 잘 극복하고 안정적인 생활을 영위하기 위해서는 든든한 경제적 바탕이 필요하다.

이러한 경제적 바탕을 만드는 방법에는 부동산, 주식, 예금, 채권 등등이 있지만 나이가 어린 손자가 성인이 되서 활용하기에는 보험회사 연금 상품이 제격이다. 손자가 태어났을 때 혹은 어릴 때 5년 정도 할아버지, 할머니가 준비를 해 주면 보험회사는 손자가 성인이 될 때까지 수십 년 동안 안정적인 운용을 해 준다. 즉, 손자의 평생 자금운용이 가능하기 때문에 그 어떤 자산보다도 더 큰 선물이 된다.

여기에 장기간의 운용에 따른 수익과 비과세혜택, 수시입출금의 효과까지 가미되면 이 선물을 받은 손자는 평생 경제적으로 안정된 생활을 영위할 수 있다. 눈에 넣어도 안 아픈 손자가 거친 세상에서 잘 살아가길 바라는 할아버지, 할머니의 정성과 사랑이 손자를 부자로 만들어 주는 것이다.

4. 부자가문 프로젝트 4단계
– 노블리스 오블리제(Noblesse Oblige)

노블리스 오블리제는 높은 사회적 신분에 상응하는 도덕적 의무를 뜻하는 말이다. 초기 로마시대에 왕과 귀족들이 보여 준 투철한 도덕의식과 솔선수범하는 공공정신에서 비롯되었는데, 초기 로마 사회에서는 사회 고위층의 공공봉사와 기부·헌납 등의 전통이 강하였고, 이러한 행위는 의무인 동시에 명예로 인식되면서 자발적이고 경쟁적으로 이루어졌다고 한다.

부자가문이 되었다고 해서 반드시 명문가문이 될 수는 없다. 명문가문에 어울리는 가문의 철학이 있어야 하는데, 그렇기 때문에 자녀의 인성교육이 가장 중요하다. 필자가 교육 분야의 전문가는 아니지만 우리나라 교육의 가장 큰 문제점은 '선행교육'이라고 생각한다. 유치원 때 초등학교 과정을 미리 배우고, 초등학교 때 중학교 과정을, 중학교 때 고등학교 과정을 미리 배우다 보니 정작 학교과정에는 큰 흥미를 느끼지 못해 학교 선생님보다 과외 선생님을 더 존경하는 이상한 풍토가 정착되어 있다. 주입식 교육의 폐

해로 인해 창의력이 감퇴되고, 여기에 경쟁사회가 심화되면서 남을 배려하고 존중하기 보다는 인정하지 않고 눌러 이기려는 문화를 배우며 자라게 된다. 집안이 아무리 부자라도 이런 환경 속에서 자란 자녀가 과연 대대로 명문가문을 육성할 수 있을까.

미국의 록펠러 가문에는 '3달러 용돈' 철학이 있다고 한다. 자녀가 초등학교에 들어가면 매주 3달러의 용돈을 주는데, 대신 쓰는 용도가 정해져 있다. 1달러는 사고 싶은 것을 사고, 1달러는 불우한 이웃에게 기부를 하며, 마지막 1달러는 미래를 위해 저축하라는 것이다. 누구나 다 주는 용돈이지만 명문가문에는 이런 철학이 담겨 있는 것이다.

부자가문 만들기 프로젝트의 마지막 과정은 내 자녀, 내 손자의 인성교육을 어떻게 시킬 것인지 '가문의 철학'을 만드는 것으로 정리할 수 있다. 참고로 필자가 감명 깊게 읽은 시를 소개한다.

내 아이가 훌륭하게 자라기를 원한다면…

내 아이가 훌륭하게 자라기를 원한다면
내가 훌륭하게 살면 된다.

내 아이가 밝게 자라기를 원한다면
아이의 눈을 보고 밝게 웃으면 된다.

내 아이가 정직하기를 원한다면
내가 정직하면 되고,
내 아이가 지혜롭기를 원한다면
내가 지혜로우면 된다.

범사에 감사하고 나의 일을 사랑하며,
길가의 작은 꽃에 기뻐하고 어려운 이웃을 외면하지 않으며,
어려움 속에서도 용기를,
두려움 속에서도 희망을 갖는다면…

인생을 같이 가는 내 아이에게 전염되는 것은 시간문제이다.

〈작가미상〉

6장
행복한
나의 노후생활지도
만들기

6장

행복한 나의 노후생활지도 만들기

1. 노후생활지도란?

우리나라 보다 고령화가 20여년 정도 진전된 일본에서는 '젖은 낙엽족'이라는 말이 유행하고 있다고 한다. 일본남성의 경우 일반적으로 65세 무렵에 은퇴를 하게 되는데 평생 사회생활을 하다 은퇴를 하면 갑자기 공허함이 들면서 보통 집에서 놀게 된다고 한다. 그런데 배우자의 경우는 남편 뒷바라지에 인생을 보내다 이 무렵부터 다양한 커뮤니티 활동(동창회, 자녀 부모 모임, 기타 동호회 등)이 활발해 지는데, 밖으로 외출하려는 아내를 보면 "내 밥은 누가 차려 줘?"라고 애처롭게 말한다고 한다. 마른 낙엽은 빗자루로

쓸기 쉽지만 젖은 낙엽은 땅바닥에 딱 달라붙어 아무리 쓸
어도 쉽게 떨어지지 않는 것처럼, 은퇴 후에 아내에게 딱 달
라붙어 떨어지지 않는 일본남자들을 일컬어 '젖은 낙엽족'
이라고 부르는 것이다.

일본의 사례는 세계에서 가장 고령화 속도가 빠른 대한
민국 5060세대에게 있어 남의 일이 아니다. 노후기는 돈만
있다고 행복한 것이 아니기 때문이다. 수명 100세 시대를
앞두고 있는 대한민국 5060세대도 '평생 무엇을 하며 살
것인가'를 진지하고 심각하게 고민해 봐야 한다. 가장 좋은
방법은 일본처럼 '평생현역'의 정신으로 나에게 맞는 일을
즐기며 여생을 보내는 것이 아닐까.

우리나라 보다 고령화가 진전된 미국과 일본에는
'NPO(Non Profit Organization)'라는 수많은 단체가 있다.
우리말로 번역하면 '돈을 바라지 않는 비영리조직' 쯤 되는
데, 각종 사회교육단체 및 봉사단체 등이 여기에 해당된다.
교통비 정도를 받으면서 내가 가진 특기를 사회의 구성원
들에게 베풀어 주는 활동과 사회의 불우한 이웃들에게 봉
사하는 활동 등이 포함된다. 이런 종류의 활동은 돈을 벌기

위한 직업이 아니라 노후기의 삶을 즐기는 직업 정도로 표현할 수 있는데, 정신적 만족감이 높기 때문에 노후기의 삶을 더 활기차고 재미있게 보낼 수 있다고 한다.

노후생활지도(Silver Life Map)란 '은퇴 후 수 십 년간의 노후기를 어떻게 보낸 것인지를 미리 그려 보는 과정' 이라고 할 수 있다. '물질적 풍요' 만이 노후생활의 전부는 아니다. 오히려 그보다 더 중요할 수 있는 '정신적 풍요' 를 어떻게 충족시킬 것인지 앞으로의 삶에 대해 입체적으로 고민해 보고 준비를 해야 한다. 언젠가 눈을 감을 때 '정말 멋지고 훌륭한 인생이었어!' 라고 스스로에게 말할 수 있도록…

2. 노후생활지도의 5가지 구성요소

노후생활지도(Silver Life Map)는 노후생활에 있어 꼭 필요한 5가지 요소로 구성되어 있다. 일, 건강, 배우자, 자산관리, 친구인데 어느 것 하나 빼 놓고서는 행복한 노후생활을 즐기기 어렵다. 각각의 요소에 대해 알아보자.

① 일

가끔 신문의 사회면에 이런 기사가 나온다. '중소기업 사장이 은퇴 후 예술가로 변신했다', '평범한 샐러리맨이 은퇴 후 사회사업가로 변신했다.' 등등. 미국에서는 나이 육십에 의대에 입학하는 경우도 흔하다는데, 노후기의 직업은 먹고 살기 위해 하는 것보다는 평소에 꼭 하고 싶었던, 인생을 즐길 수 있고 만족감을 느낄 수 있는 일을 찾는 것이 중요하다.

5060세대는 우리나라 산업근대화의 과정 속에서 평생한 가지 일만 해 온 경우가 많다. 그래서 다른 일을 하기엔 부담을 느끼는 분들이 많은데 지금부터라도 찾아 봐야 한다. 여가시간을 활용해 학원을 다니는 것도 좋고, 각종 취업설명회나 전시회 등도 틈나는 대로 가 볼 필요가 있다. 신

은 나에게 무엇인가 '남보다 잘 하는 재능'을 주셨기 때문
에 은퇴를 준비하는 기간 동안 '은퇴 후 평생 할 일'을 찾아
내야 한다.

② 건강

아무리 재산이 많아도 건강을 잃으면 소용없다고 한다.
젊을 때 건강관리를 잘 못하면 건강하게 노후기를 보낼 수
있는 '노후생활기'의 기간이 남보다 짧아지게 된다. 남들은
은퇴 이후에 해외여행도 다니고 골프 등 각종 여가생활을
즐기는데 나는 병원침대에 누워 있다면 기분이 어떨까.

아무리 강조해도 지나치지 않는 것이 건강이지만 정작
건강관리를 꾸준히 실천하는 사람은 드물다. 사회생활에
따른 스트레스 때문이라며 스스로에게 자위해 보지만 사람
의 몸은 복합유기체라서 언젠가는 반드시 고장 나게 되어
있다. 흡연과 음주, 적당한 운동의 세 가지 차원에서 현재
의 나를 돌아보고 앞으로의 계획을 세워 보자.

③ 배우자

노후기의 인간관계는 '배우자'라는 한 점으로 귀결된다
고 한다. 친구며 지인이며 선후배도 좋지만 나이가 들어갈

수록 외로운 인생의 반려자는 결국 '배우자' 밖에 없다. '늙어서 배우자 눈치 보지 않으려면 젊어서 잘 해라' 라는 격언처럼 5060세대에게 있어 배우자의 존재는 가치를 형언할 수 없을 정도로 크다.

가부장적 마인드와 자세로 인생을 살다 보니 최근 들어 '황혼이혼' 이 급증하고 있다는데, 늙어서 혼자 잠자는 것만큼 비참한 것이 없다고 한다. 지금부터 배우자에 대한 관심을 높이고 육체적 건강뿐 만 아니라 배우자의 정신적 건강도 꼼꼼히 챙겨 주는 지혜가 필요하다.

④ 자산관리

이 책의 일관된 내용이 '노후기의 안정적 자산관리' 에 대한 것이다. 두말할 나위 없이 중요한 부분이고, 자산의 많고 적음을 떠나 실버 자산관리는 5060세대 누구에게나 다 필요하다. 대한민국이 선진화 될수록 경제상황과 금융환경은 급변하기 마련이므로 믿을 만한 전문가와 함께 평생 돈 걱정 없는 자산관리를 실천해 보자.

⑤ 친구

친구의 정의는 '추억을 함께 나눌 수 있는 그리운 사람'

이라고 한다. 본래 사람의 속성 자체가 미래보다는 추억을
더 소중하게 느끼는 동물이다. 나이가 들어갈수록 시간이
많이 남기 마련인데, 추억을 함께 나눌 친구가 없다면 단팥
없는 찐빵의 인생이 될 것이다.

친구는 많으면 많을수록 좋겠지만 적어도 10명 정도는
있어야 한다. 흉허물 없이 터놓고 대화할 수 있는 친구 10
명만 있으면 정말 행복하고 즐거운 노후를 보낼 수 있다. 이
글을 읽는 지금 이 순간 친구들을 떠올려 보자. 만약 부족하
다고 느낀다면 지금부터 친구의 숫자를 늘려야 한다. 각종
동창회나 동호회, 종교 활동에 열심히 참가만 해도 나와 코
드가 맞는 친구는 얼마든지 찾아낼 수 있다.

사랑하는 배우자와 건강하게 노후생활을 즐기면서 평소
하고 싶었던 일도 하고, 충실한 자산관리를 통해 각종 여행
이나 레저 활동도 즐기며, 마음이 맞는 친구들과 수시로 교
류하는 멋진 삶. 이것이 바로 행복한 나의 노후생활지도
(Silver Life Map)이다.

3. 나의 노후생활지도 만들어 보기

　행복하고 즐거운 노후생활을 위한 5가지 필수요소에 대해 지금부터 최대한 준비해 보자. '운명의 여신도 미리 준비하는 사람에겐 못 당한다' 는 격언처럼, 지금의 준비가 나의 노후기를 환하게 밝혀 줄 것이다.

나의 노후생활지도
Silver Life Map

	구 분	현 재	미 래	비 고
❶ 일	장점			어떤 일을 하고 싶은가?
	단점			
❷ 건강	흡연			어떻게 관리할 것인가?
	음주			
	운동			
❸ 배우자	배우자에 대한 관심			배우자에 대한 원칙
	육체적 건강			
	정신적 건강			
❹ 자산관리	현금			어떻게 관리할 것인가?
	채권(예금)			
	주식(펀드)			
	보험(연금)			
	부동산			
❺ 친구	이름			친구를 늘리는 방법은?

사람은 태어나는 순간부터 언젠가는 하늘나라로 스카웃 되서 갈 운명이 정해져 있습니다. 2040세대는 마치 영원히 살 것처럼 오로지 앞만 보고 달려가지만, 5060세대는 경험과 연륜이 있으므로 인생의 마지막 황금기를 어떻게 보낼 것인지를 지금부터 고민하고 준비해야 합니다. 모든 일은 마무리가 제일 중요하듯이 한 사람의 삶 또한 노후기가 가장 중요하고 또한 소중하기 때문입니다.

대한민국에는 약 4천8백만 명의 사람이 살고 있지만 그 중에 똑 같은 사람은 한 명도 없습니다. 사람마다 주민번호가 틀린 것처럼 각자의 인생 또한 모두 다릅니다. 아울러 누구에게나 내 인생이 가장 소중합니다. 어느 천문학자에 따르면 우리가 속한 우주에는 약 1,000억 개의 은하계가 있고, 은하계 속에 지구와 같은 별이 약 1,000억 개가 있다고 합니다. 이 중에서 현재까지 생명체의 존재가 확인된 유일한 별이 바로 지구인데, 이것을 확률로 따지면 '10의 22승분의 1', 통계학적으로 제로 확률의 존재가 지구이며 인간이라고 합니다. 즉, 한 사람 한 사람이 우주에서 유일한 소중한 존재라는 뜻인데요, 그렇기 때문에 인생의 마지막 노후기를 행복하고 풍요롭게 보낼 수 있도록 도와주는 '실버 자산관리' 또한 그 어떤 투자나 재테크보다도 더 중요하다고 생각합니다.

지금까지는 남편은 열심히 일하고 부인이 아파트나 땅에 투자하는 '사모님 재테크'가 성공했지만, 앞으로는 경제상황과 금융환경의 변화로 인해 금융자산을 늘리는 사람이 성공하는 '자산관리'의 시대가 올 것입니다. 여기에 인구의 급속한 고령화로 인해 어떻게 보면 자산관리의 최종 목표가 '부자'가 되는 것이 아니라 '은퇴 이후 수십 년간의 노후준비'로 바뀔 가능성도 높습니다.

젊어서 돈이 없으면 막노동이나 대리운전을 하면 되지만 늘어서 돈이 없으면 그 비참함은 이루 헤아릴 수 없다고 합니다. 5060세대의 자산관리에 있어 가장 중요한 우선순위는 '노후준비'임을 잊지 마시고, '실버 자산관리 10대 포인트'부터 실천하시길 권해 드립니다. 미래는 기본적으로 나쁘게 가정하는 것이 좋습니다. 좋게 생각하다 나쁘게 되는 것보다는 나쁘게 생각하다 좋게 되거나 아니면 나쁘게 되는 것이 훨씬 낫습니다. 적어도 미리 예상하고 있었기 때문에 대처할 수 있고 결과에 대해 받아들일 수 있기 때문입니다.

아울러 제가 만나 본 많은 부자들이 '운이 좋아서 됐다'라고 하지만 자산관리는 운만으로는 결코 성공하지 못합니다. 부자 되는 실버 자산관리는 때로는 운도 필요하겠지만 전문가의 도움을 받아 입체적이고 체계적인 시스템으로 관리해야만 불확실한 미래에서 안정적 수익을 달성할 수 있기 때문입니다.

고령화 시대가 시작되는 시기에 나온 이 책이 은퇴를 준비하는 대한민국 5060세대에게 삶의 희망과 기쁨을 늘려 주는 책이 되었으면 좋겠습니다. 또한 경제활동기 소득의 대부분을 주택마련과 자녀교육, 생활비로 다 써 버리는 3040세대에게도 미래를 일찍 준비할 수 있는 귀감이 되었으면 하는 바램입니다. 노후는 일찍 준비할수록 그만큼 더 큰 풍요로움이 보장되기 때문입니다.

미흡한 내용을 끝까지 읽어 주신 독자 여러분께 진심으로 감사드리며, 대한민국 모든 5060세대의 풍요롭고 행복한 노후를 기원 드립니다.

2008년 2월 이창원 배상

부자 되는
자산관리
20년 스케줄

자산관리는 평생을 바라보는 프로그램입니다.

매월 매월의 자산관리에 최선을 다하다 보면

어느새 부자가 되어 있는 자신을 발견할 수 있을 것입니다.

대한민국 5060세대, 화이팅!

★ 작성요령 ★

- 현금 : 보통예금, MMF, CMA

- 채권 : 예금, 채권, 원금보장형 파생상품, 공시이율형 연금

- 주식 : 주식, 펀드, 원금비보장형 파생상품, 변액연금, 변액유니버셜적립

※ 보험의 경우 원금 도달 시까지 납입금액을 기준으로 작성(보장성보험 제외)

※ 부동산은 변동성을 감안하여 배제하고 금융자산만 기록

Yearly Plan

◯◯◯◯年

Memo

구 분	수 입	지 출
전년 이월		
1월		
2월		
3월		
4월		
5월		
6월		
자산 재조정	매 6개월마다 금융자산 비율에 따른 자산 재조정 필요 – 추천비율 현금(10%), 채권(50%), 주식(40%)	
7월		
8월		
9월		
10월		
11월		
12월		
자산 재조정	매 6개월마다 금융자산 비율에 따른 자산 재조정 필요 – 추천비율 현금(10%), 채권(50%), 주식(40%)	

금융자산			합계
현금	채권	주식	
%	%	%	100%
%	%	%	100%

Yearly Plan

○○○○年

Memo

- - - - - - - - - - - - - -
- - - - - - - - - - - - - -
- - - - - - - - - - - - - -
- - - - - - - - - - - - - -
- - - - - - - - - - - - - -
- - - - - - - - - - - - - -
- - - - - - - - - - - - - -
- - - - - - - - - - - - - -
- - - - - - - - - - - - - -

구분	수입	지출
전년 이월		
1월		
2월		
3월		
4월		
5월		
6월		
자산 재조정	매 6개월마다 금융자산 비율에 따른 자산 재조정 필요 – 추천비율 현금(10%), 채권(50%), 주식(40%)	
7월		
8월		
9월		
10월		
11월		
12월		
자산 재조정	매 6개월마다 금융자산 비율에 따른 자산 재조정 필요 – 추천비율 현금(10%), 채권(50%), 주식(40%)	

금융자산			합계
현금	채권	주식	
%	%	%	100%
%	%	%	100%

Yearly Plan

◯◯◯◯ 年

Memo

- - - - - - - - - - - -

- - - - - - - - - - - -

- - - - - - - - - - - -

- - - - - - - - - - - -

- - - - - - - - - - - -

- - - - - - - - - - - -

- - - - - - - - - - - -

- - - - - - - - - - - -

구 분	수 입	지 출
전년 이월		
1월		
2월		
3월		
4월		
5월		
6월		
자산 재조정	매 6개월마다 금융자산 비율에 따른 자산 재조정 필요 – 추천비율 현금(10%), 채권(50%), 주식(40%)	
7월		
8월		
9월		
10월		
11월		
12월		
자산 재조정	매 6개월마다 금융자산 비율에 따른 자산 재조정 필요 – 추천비율 현금(10%), 채권(50%), 주식(40%)	

금융자산			합계
현금	채권	주식	
%	%	%	100%
%	%	%	100%

Yearly Plan

〇〇〇〇 年

Memo

구분	수입	지출
전년 이월		
1월		
2월		
3월		
4월		
5월		
6월		
자산 재조정	매 6개월마다 금융자산 비율에 따른 자산 재조정 필요 – 추천비율 현금(10%), 채권(50%), 주식(40%)	
7월		
8월		
9월		
10월		
11월		
12월		
자산 재조정	매 6개월마다 금융자산 비율에 따른 자산 재조정 필요 – 추천비율 현금(10%), 채권(50%), 주식(40%)	

금융자산			합계
현 금	채 권	주 식	
%	%	%	100%
%	%	%	100%

◯◯◯◯年

- - - - - - - - - - - - - - - - - -

- - - - - - - - - - - - - - - - - -

- - - - - - - - - - - - - - - - - -

- - - - - - - - - - - - - - - - - -

- - - - - - - - - - - - - - - - - -

- - - - - - - - - - - - - - - - - -

- - - - - - - - - - - - - - - - - -

- - - - - - - - - - - - - - - - - -

- - - - - - - - - - - - - - - - - -

- - - - - - - - - - - - - - - - - -

구 분	수 입	지 출
전년 이월		
1월		
2월		
3월		
4월		
5월		
6월		
자산 재조정	매 6개월마다 금융자산 비율에 따른 자산 재조정 필요 – 추천비율 현금(10%), 채권(50%), 주식(40%)	
7월		
8월		
9월		
10월		
11월		
12월		
자산 재조정	매 6개월마다 금융자산 비율에 따른 자산 재조정 필요 – 추천비율 현금(10%), 채권(50%), 주식(40%)	

금융자산			합계
현금	채권	주식	
%	%	%	100%
%	%	%	100%

◯◯◯◯年

- - - - - - - - - - - -

- - - - - - - - - - - -

- - - - - - - - - - - -

- - - - - - - - - - - -

- - - - - - - - - - - -

- - - - - - - - - - - -

- - - - - - - - - - - -

- - - - - - - - - - - -

- - - - - - - - - - - -

- - - - - - - - - - - -

구 분	수 입	지 출
전년 이월		
1월		
2월		
3월		
4월		
5월		
6월		
자산 재조정	매 6개월마다 금융자산 비율에 따른 자산 재조정 필요 – 추천비율 현금(10%), 채권(50%), 주식(40%)	
7월		
8월		
9월		
10월		
11월		
12월		
자산 재조정	매 6개월마다 금융자산 비율에 따른 자산 재조정 필요 – 추천비율 현금(10%), 채권(50%), 주식(40%)	

금융자산			합계
현금	채권	주식	
%	%	%	100%
%	%	%	100%

구 분	수 입	지 출
전년 이월		
1월		
2월		
3월		
4월		
5월		
6월		
자산 재조정	매 6개월마다 금융자산 비율에 따른 자산 재조정 필요 – 추천비율 현금(10%), 채권(50%), 주식(40%)	
7월		
8월		
9월		
10월		
11월		
12월		
자산 재조정	매 6개월마다 금융자산 비율에 따른 자산 재조정 필요 – 추천비율 현금(10%), 채권(50%), 주식(40%)	

금융자산			합 계
현 금	채 권	주 식	
%	%	%	100%
%	%	%	100%

Yearly Plan

◯◯◯◯年

Memo

- - - - - - - - - - - -

- - - - - - - - - - - -

- - - - - - - - - - - -

- - - - - - - - - - - -

- - - - - - - - - - - -

- - - - - - - - - - - -

- - - - - - - - - - - -

- - - - - - - - - - - -

- - - - - - - - - - - -

- - - - - - - - - - - -

- - - - - - - - - - - -

구 분	수 입	지 출
전년 이월		
1월		
2월		
3월		
4월		
5월		
6월		
자산 재조정	매 6개월마다 금융자산 비율에 따른 자산 재조정 필요 – 추천비율 현금(10%), 채권(50%), 주식(40%)	
7월		
8월		
9월		
10월		
11월		
12월		
자산 재조정	매 6개월마다 금융자산 비율에 따른 자산 재조정 필요 – 추천비율 현금(10%), 채권(50%), 주식(40%)	

금융자산			합계
현금	채권	주식	
%	%	%	100%
%	%	%	100%

Yearly Plan

◯◯◯◯ 年

Memo

구분	수입	지출
전년 이월		
1월		
2월		
3월		
4월		
5월		
6월		
자산 재조정	매 6개월마다 금융자산 비율에 따른 자산 재조정 필요 – 추천비율 현금(10%), 채권(50%), 주식(40%)	
7월		
8월		
9월		
10월		
11월		
12월		
자산 재조정	매 6개월마다 금융자산 비율에 따른 자산 재조정 필요 – 추천비율 현금(10%), 채권(50%), 주식(40%)	

금융자산			합계
현금	채권	주식	
%	%	%	100%
%	%	%	100%

Yearly Plan

◯◯◯◯ 年

Memo

구분	수입	지출
전년 이월		
1월		
2월		
3월		
4월		
5월		
6월		
자산 재조정	매 6개월마다 금융자산 비율에 따른 자산 재조정 필요 – 추천비율 현금(10%), 채권(50%), 주식(40%)	
7월		
8월		
9월		
10월		
11월		
12월		
자산 재조정	매 6개월마다 금융자산 비율에 따른 자산 재조정 필요 – 추천비율 현금(10%), 채권(50%), 주식(40%)	

금융자산			합계
현금	채권	주식	
%	%	%	100%
%	%	%	100%

○○○○年

- - - - - - - - - - -

- - - - - - - - - - -

- - - - - - - - - - -

- - - - - - - - - - -

- - - - - - - - - - -

- - - - - - - - - - -

- - - - - - - - - - -

- - - - - - - - - - -

- - - - - - - - - - -

구분	수입	지출
전년 이월		
1월		
2월		
3월		
4월		
5월		
6월		
자산 재조정	매 6개월마다 금융자산 비율에 따른 자산 재조정 필요 – 추천비율 현금(10%), 채권(50%), 주식(40%)	
7월		
8월		
9월		
10월		
11월		
12월		
자산 재조정	매 6개월마다 금융자산 비율에 따른 자산 재조정 필요 – 추천비율 현금(10%), 채권(50%), 주식(40%)	

금융자산			합계
현금	채권	주식	
%	%	%	100%
%	%	%	100%

Yearly Plan

◯◯◯◯ 年

Memo

구분	수입	지출
전년 이월		
1월		
2월		
3월		
4월		
5월		
6월		
자산 재조정	매 6개월마다 금융자산 비율에 따른 자산 재조정 필요 – 추천비율 현금(10%), 채권(50%), 주식(40%)	
7월		
8월		
9월		
10월		
11월		
12월		
자산 재조정	매 6개월마다 금융자산 비율에 따른 자산 재조정 필요 – 추천비율 현금(10%), 채권(50%), 주식(40%)	

금융자산			합 계
현 금	채 권	주 식	
%	%	%	100%
%	%	%	100%

Yearly Plan

◯◯◯◯ 年

Memo

구 분	수 입	지 출
전년 이월		
1월		
2월		
3월		
4월		
5월		
6월		
자산 재조정	매 6개월마다 금융자산 비율에 따른 자산 재조정 필요 - 추천비율 현금(10%), 채권(50%), 주식(40%)	
7월		
8월		
9월		
10월		
11월		
12월		
자산 재조정	매 6개월마다 금융자산 비율에 따른 자산 재조정 필요 - 추천비율 현금(10%), 채권(50%), 주식(40%)	

금융자산			합계
현금	채권	주식	
%	%	%	100%
%	%	%	100%

Yearly Plan

◯◯◯◯ 年

Memo

구분	수입	지출
전년 이월		
1월		
2월		
3월		
4월		
5월		
6월		
자산 재조정	매 6개월마다 금융자산 비율에 따른 자산 재조정 필요 – 추천비율 현금(10%), 채권(50%), 주식(40%)	
7월		
8월		
9월		
10월		
11월		
12월		
자산 재조정	매 6개월마다 금융자산 비율에 따른 자산 재조정 필요 – 추천비율 현금(10%), 채권(50%), 주식(40%)	

금융자산			합계
현금	채권	주식	
%	%	%	100%
%	%	%	100%

Yearly Plan

○○○○ 年

Memo

- - - - - - - - - - - - - -
- - - - - - - - - - - - - -
- - - - - - - - - - - - - -
- - - - - - - - - - - - - -
- - - - - - - - - - - - - -
- - - - - - - - - - - - - -
- - - - - - - - - - - - - -
- - - - - - - - - - - - - -
- - - - - - - - - - - - - -
- - - - - - - - - - - - - -

구분	수입	지출
전년 이월		
1월		
2월		
3월		
4월		
5월		
6월		
자산 재조정	매 6개월마다 금융자산 비율에 따른 자산 재조정 필요 – 추천비율 현금(10%), 채권(50%), 주식(40%)	
7월		
8월		
9월		
10월		
11월		
12월		
자산 재조정	매 6개월마다 금융자산 비율에 따른 자산 재조정 필요 – 추천비율 현금(10%), 채권(50%), 주식(40%)	

금융자산			합 계
현 금	채 권	주 식	
%	%	%	100%
%	%	%	100%

Yearly Plan

◯◯◯◯ 年

Memo

- - - - - - - - - - - -
- - - - - - - - - - - -
- - - - - - - - - - - -
- - - - - - - - - - - -
- - - - - - - - - - - -
- - - - - - - - - - - -
- - - - - - - - - - - -
- - - - - - - - - - - -
- - - - - - - - - - - -

구 분	수 입	지 출
전년 이월		
1월		
2월		
3월		
4월		
5월		
6월		
자산 재조정	매 6개월마다 금융자산 비율에 따른 자산 재조정 필요 – 추천비율 현금(10%), 채권(50%), 주식(40%)	
7월		
8월		
9월		
10월		
11월		
12월		
자산 재조정	매 6개월마다 금융자산 비율에 따른 자산 재조정 필요 – 추천비율 현금(10%), 채권(50%), 주식(40%)	

금융자산			합계
현금	채권	주식	
%	%	%	100%
%	%	%	100%

○○○○ 年

구 분	수 입	지 출
전년 이월		
1월		
2월		
3월		
4월		
5월		
6월		
자산 재조정	매 6개월마다 금융자산 비율에 따른 자산 재조정 필요 – 추천비율 현금(10%), 채권(50%), 주식(40%)	
7월		
8월		
9월		
10월		
11월		
12월		
자산 재조정	매 6개월마다 금융자산 비율에 따른 자산 재조정 필요 – 추천비율 현금(10%), 채권(50%), 주식(40%)	

금융자산			합계
현금	채권	주식	
%	%	%	100%
%	%	%	100%

Yearly Plan

◯◯◯◯ 年

Memo

구 분	수 입	지 출
전년 이월		
1월		
2월		
3월		
4월		
5월		
6월		
자산 재조정	매 6개월마다 금융자산 비율에 따른 자산 재조정 필요 – 추천비율 현금(10%), 채권(50%), 주식(40%)	
7월		
8월		
9월		
10월		
11월		
12월		
자산 재조정	매 6개월마다 금융자산 비율에 따른 자산 재조정 필요 – 추천비율 현금(10%), 채권(50%), 주식(40%)	

금융자산			합계
현금	채권	주식	
%	%	%	100%
%	%	%	100%

◯◯◯◯年

구분	수입	지출
전년 이월		
1월		
2월		
3월		
4월		
5월		
6월		
자산 재조정	매 6개월마다 금융자산 비율에 따른 자산 재조정 필요 – 추천비율 현금(10%), 채권(50%), 주식(40%)	
7월		
8월		
9월		
10월		
11월		
12월		
자산 재조정	매 6개월마다 금융자산 비율에 따른 자산 재조정 필요 – 추천비율 현금(10%), 채권(50%), 주식(40%)	

금융자산			합계
현금	채권	주식	
%	%	%	100%
%	%	%	100%

Yearly Plan

◯◯◯◯ 年

Memo

구분	수입	지출
전년 이월		
1월		
2월		
3월		
4월		
5월		
6월		
자산 재조정	매 6개월마다 금융자산 비율에 따른 자산 재조정 필요 – 추천비율 현금(10%), 채권(50%), 주식(40%)	
7월		
8월		
9월		
10월		
11월		
12월		
자산 재조정	매 6개월마다 금융자산 비율에 따른 자산 재조정 필요 – 추천비율 현금(10%), 채권(50%), 주식(40%)	

금융자산			합계
현금	채권	주식	
%	%	%	100%
%	%	%	100%